Metodologia do Ensino de História e Geografia

Nesta reunião de oito volumes temos o cotejo da progressão epistemológica da história e da geografia aliada a propostas pedagógicas de atividades avaliativas e de aprofundamento dos conteúdos contemplados. O princípio norteador destas obras é oferecer instrumentos ao corpo docente que viabilizem uma maior sensibilização por parte dos alunos no que tange aos espaços histórico e geográfico, ambientes em que o indivíduo deve reconhecer-se como principal fator modificador.

Volume 1
Didática e Avaliação da Aprendizagem no Ensino de História

Volume 2
Didática e Avaliação da Aprendizagem no Ensino de Geografia

Volume 3
Professor-Pesquisador em Educação Histórica

Volume 4
Professor-Pesquisador em Educação Geográfica

Volume 5
Fundamentos Epistemológicos da História

Volume 6
Fundamentos Epistemológicos da Geografia

Volume 7
O Ensino de História e suas Linguagens

Volume 8
O Ensino de Geografia e suas Linguagens

Ana Clarissa Stefanello

Didática e Avaliação da Aprendizagem no Ensino de Geografia

Informamos que é de inteira responsabilidade da autora a emissão de conceitos.

Nenhuma parte desta publicação poderá ser reproduzida por qualquer meio ou forma sem a prévia autorização da Editora InterSaberes.

A violação dos direitos autorais é crime estabelecido na Lei nº 9.610/1998 e punido pelo art. 184 do Código Penal.

Av. Vicente Machado, 317 . 14º andar
Centro . CEP 80420-010 . Curitiba . PR . Brasil
Fone: (41) 2103-7306
www.editoraintersaberes.com.br
editora@editoraintersaberes.com.br

Conselho editorial
Dr. Ivo José Both (presidente)
Dr.ª Elena Godoy
Dr. Nelson Luís Dias
Dr. Ulf Gregor Baranow

Editor-chefe
Lindsay Azambuja

Editores-assistentes
Ariadne Nunes Wenger

Editor de arte
Raphael Bernadelli

Preparação de originais
Keila Nunes Moreira

Capa
Denis Kaio Tanaami

Projeto gráfico
Bruno Palma e Silva

Iconografia
Danielle Scholtz

Dados Internacionais de Catalogação na Publicação (CIP)
(Câmara Brasileira do Livro, SP, Brasil)

Stefanello, Ana Clarissa
  Didática e Avaliação da Aprendizagem no Ensino de Geografia [livro eletrônico] / Ana Clarissa Stefanello. – Curitiba : InterSaberes, 2012. -- (Coleção Metodologia do Ensino de História e Geografia; v. 2).

  Bibliografia.
  ISBN 978-85-8212-457-4

  1. Aprendizagem – Avaliação 2. Didática 3. Geografia – Estudo e ensino 4. Prática de ensino 5. Professores – Formação profissional I. Título II. Série.

12-09376   CDD-910.7

Índice para catálogo sistemático:
1. Geografia: Estudo e ensino 910.7

Foi feito o depósito legal.
1ª edição, 2012.

Sumário

Apresentação, 9

Introdução, 11

Da geografia que aprendemos à Geografia que ensinamos na escola, 13

    1.1   A ciência geográfica e sua organização para o ensino escolar, 16

    1.2   Principais correntes do pensamento geográfico, 21

Síntese, 36

Atividades de autoavaliação, 37

Atividades de aprendizagem, 39

A percepção como abordagem do espaço geográfico no ensino, 41

2.1 Aspectos cognitivos da percepção em geografia, 44

2.2 Percepção do espaço nas aulas de campo, 46

2.3 Ensino e geografia: a construção do conhecimento, 50

Síntese, 56

Atividades de autoavaliação, 56

Atividades de aprendizagem, 58

Reflexões para a prática docente: o planejamento, 61

3.1 O planejamento como instrumento de ações no sistema escolar, 64

3.2 A problematização do conteúdo como estratégia de ensino, 72

3.3 Refletindo sobre o conteúdo: critérios para a seleção, 74

Síntese, 80

Atividades de autoavaliação, 81

Atividades de aprendizagem, 83

O livro didático e o uso da cartografia, 85

4.1 O livro didático na Geografia escolar, 87

4.2 Critérios para a escolha do livro didático, 93

4.3 A linguagem cartográfica na educação básica, 97

Síntese, 111

Atividades de autoavaliação, 111

Atividades de aprendizagem, 114

Práticas de ensino na Geografia escolar, 117

5.1 O conhecimento geográfico construído em sala de aula, 120

5.2 O lúdico nas aulas de Geografia, 133

5.3 A arte como recurso metodológico, 135

5.4 As tecnologias, o uso das imagens e os recursos audiovisuais, 136

5.5 Aulas de campo, 140

Síntese, 144
Atividades de autoavaliação, 144
Atividades de aprendizagem, 146

Avaliação da aprendizagem, 149

6.1 Conceitos e funções da avaliação, 151

6.2 Modalidades e etapas, 155

6.3 Instrumentos de avaliação: provas e testes, 158

Síntese, 162

Atividades de autoavaliação, 163

Atividades de aprendizagem, 165

Considerações finais, 167
Glossário, 171
Referências, 175
Bibliografia comentada, 183
Gabarito, 187
Nota sobre a autora, 195

Apresentação

A evolução do pensamento geográfico contextualiza-se às formas com que o homem vê e organiza o espaço e se relaciona com ele.

Não lhe pareceria natural dizer que tal evolução tem se refletido no ensino escolar, e que já nos desvencilhamos de propostas de ensino estanques, não condizentes com a contemporaneidade?

Com essa preocupação inicial, nesta obra, colocamos em discussão questões teórico-metodológicas e situações cotidianas do ensino de Geografia* na educação básica.

* O termo *Geografia* será grafado com a inicial maiúscula nesta obra quando se referir à **disciplina** curricular.

Em vista disso, no primeiro capítulo tecemos considerações sobre a ciência geográfica e seu ensino escolar e discorremos sobre a evolução do pensamento geográfico, abordando as principais correntes dessa ciência. Procuramos enfatizar, no segundo capítulo, a corrente da percepção em geografia como método de ensino e a construção do conhecimento como concepção pedagógica para a transposição do conhecimento científico em saber escolar.

Tratamos do planejamento no terceiro capítulo, no qual falamos da importância e dos tipos de planejamento, bem como da seleção e da problematização dos conteúdos como estratégia de ensino. No quarto capítulo, trazemos questões acerca do livro didático e dos critérios para a opção entre um livro e outro. Destacamos, também, o uso da cartografia como um recurso básico para o desenvolvimento do raciocínio geográfico.

No quinto capítulo, colocamos em discussão algumas práticas e recursos metodológicos usados na geografia escolar e, finalmente, no sexto capítulo, tratamos do processo avaliativo da aprendizagem.

Nossa proposta é que as noções apresentadas nesta obra constituam aspectos reflexivos para aqueles que se interessam pelo ensino, em especial para o professor que atua em sala de aula.

Introdução

A didática tem o processo de ensino como seu objeto de estudo. Portanto, estudar a didática de uma disciplina, seja ela qual for, não significa ater-se às atividades desenvolvidas em sala de aula, mas sim analisar aspectos do trabalho docente, cujas funções se estabelecem antes, durante e depois da aula. Assim, nosso objetivo principal é convidá-lo a refletir acerca do ensino de Geografia e a repensar as práticas pedagógicas adotadas nessa área.

O posicionamento teórico-metodológico e político do professor constitui importante elemento para um ensino consciencioso. A clareza quanto ao método de ensino propicia coerência às abordagens, segundo uma visão de mundo. Em vista disso, uma de nossas prioridades neste livro foi escrever sobre o pensamento geográfico, o qual tem passado por modificações, especialmente nas últimas décadas, em virtude das transformações globais de caráter social, político, ambiental, econômico e tecnológico.

Queremos, pois, desde já, posicionarmo-nos sobre as linhas teórico-metodológicas aqui mencionadas. Como um dos possíveis caminhos para o ensino escolar de Geografia, damos ênfase à corrente da percepção e "emprestamos" da pedagogia o construtivismo e suas variações. Entretanto, no decorrer da obra, o leitor pode estranhar o fato de, às vezes, empregarmos termos e enfoques da pedagogia histórico-crítica, a qual, em geografia, corresponderia à corrente crítica. Isso ocorre porque acreditamos na possibilidade de diálogo entre as diferentes linhas filosóficas para a educação. Nesse sentido, apesar de estarmos trabalhando com a corrente da percepção em geografia, optamos, também, por trazer autores da linha histórico-crítica para fundamentar alguns conceitos, por considerarmos que as várias abordagens contribuem para a construção do conhecimento.

Capítulo 1

Neste capítulo, vamos abordar algumas das complexas relações entre a geografia acadêmica e a escolar e também noções das principais correntes do pensamento da geografia, para buscar entender como a evolução desse campo do conhecimento tem influenciado o ensino em sala de aula.

Da geografia que aprendemos à Geografia que ensinamos na escola

A partir do que está proposto no título deste capítulo, o leitor, mesmo não sendo geógrafo, conseguiria listar diferenças entre a geografia acadêmica e a Geografia escolar?

É um tanto óbvio falar de diferenças entre esses dois níveis de ensino, mas, apenas a título de exemplo, podemos argumentar que, na academia, discutem-se questões epistemológicas ou, ainda, os temas/conteúdos geográficos são tratados com maior aprofundamento, enquanto no ensino médio são abordados de um ponto de vista mais amplo, em que a finalidade maior está na formação do cidadão crítico, participativo, responsável e criativo. Mas, por que, apesar de as diferenças serem evidentes, muitos cursos de licenciatura acabam não abordando a maior parte delas? E como fica a situação do professor recém-formado ao se deparar com uma realidade tão diversa da que vivenciou como acadêmico?

A questão é que muitas situações que surgem na escola são únicas, com as quais só aprendemos a lidar vivenciando-as. Uma delas é o método de ensino a ser adotado. Na graduação nos são apresentadas as linhas do pensamento da geografia, entretanto, a escolha de uma dessas abordagens para o trabalho escolar, quando não é institucional, refere-se a uma atitude pessoal, fruto de um amadurecimento profissional.

1.1 A ciência geográfica e sua organização para o ensino escolar

Consideramos a geografia uma ciência fundamentada em princípios, métodos e técnicas. Sua organização está consolidada em bases teórico-filosóficas que abrangem conceitos* que lhe são peculiares.

Na construção do pensamento dessa ciência, são agregados saberes tanto das ciências naturais como das ciências sociais – geologia, física, biologia, climatologia, cartografia, economia, sociologia, antropologia, história e outras –, as quais contribuem para o estudo de seu objeto, o espaço geográfico, no qual vão se desenvolver as relações entre a sociedade e a natureza. Daí o fato de a geografia ser uma ciência com um amplo campo de estudo e também o pensamento geográfico passar por vários aperfeiçoamentos desde sua concepção, uma vez que a sociedade é extremamente dinâmica.

---

* Conceitos como **espaço geográfico**, **lugar**, **paisagem** e **território** têm diferentes interpretações segundo as diversas linhas de pensamento da geografia.

A geografia escolar, por sua vez, considerada uma área do conhecimento que integra a educação geral, abrange os conteúdos da ciência geográfica e, consequentemente, os de outros campos do saber, o que lhe confere muitas possibilidades para a interdisciplinaridade. Por exemplo: o estudo da ocupação do espaço por determinado povo pode compreender saberes de química, sociologia, história, entre outros.

Esses conteúdos da geografia escolar são (ou precisariam ser) selecionados e organizados pelos docentes em um processo de transposição didática*, de forma a adequá-los aos objetivos da educação básica, buscando desenvolver no aluno a observação, a análise e o pensamento crítico da realidade, em particular, do espaço onde vive.

A respeito dessa relação entre o saber científico e o escolar, Veiga-Neto, citado por Schäffer (2003, p. 148), considera:

> *aquilo que se ensina nas escolas não é nem o saber acadêmico, nem mesmo uma simplificação deste saber, mas é uma forma muito particular de*

---

* O conceito de **transposição didática** refere-se à transformação do saber acadêmico em saber escolar. Tradicionalmente, os atores que nela operam, muitas vezes, não atuam em salas de aula escolares, entre eles o MEC, as secretarias de educação e os autores de livros didáticos. Entretanto, como se trata de um processo que não ocorre de forma linear, muitos autores preferem chamá-lo de *mediação didática*. Para Lopes (2005), esse termo designa a dialética existente por detrás desse processo complexo. A seleção de conteúdos, ou do que seria o "conhecimento legítimo", que atuaria na (des)organização espacial, é feita com base na visão de mundo de um grupo, cuja cultura e cujos compromissos políticos e econômicos são particularmente diferentes dos daquele grupo ao qual se destina esse conhecimento mediado. A escola se apropria desse conhecimento, substituindo conceitos implícitos à sua historicidade, cotidiano e experiência, por conceitos que se apresentam prontos, muitas vezes sem origem, sem referência e sem uma construção. Entretanto, para além do conceito de mediação, a recontextualização abrange a ressignificação atribuída pela escola aos documentos oficiais.

conhecimento a que se denomina "saber escolar", o qual se origina do saber acadêmico que, num complicado processo de transposição didática, foi transformado, adaptado e recontextualizado para depois ser ensinado.

Nas políticas de currículo, textos diversos, formulados em contextos que não o escolar, sofrem uma reinterpretação a fim de serem transformados em uma linguagem pedagógica (Leite, 2007). Nesse sentido, o conhecimento acadêmico é recontextualizado ao ser adaptado ao processo de ensino-aprendizagem escolar, uma vez que o ritmo, o aprofundamento e o encadeamento dado ao conteúdo na escola são diferentes daqueles em que o conteúdo foi produzido.

Ou seja, o vínculo entre a academia e a escola está mais distante do que as aparências supõem. Essa distância também é observada na falta de preparação do acadêmico, pelos cursos de licenciatura, para a escolha do livro didático. A importância dessa preparação reside no fato de que o professor recém-formado orientará cidadãos que, cotidianamente, empregarão conhecimentos geográficos, cujas origens são mediadas por esse material (Schäffer, 2003).

A organização do ensino da geografia escolar também abrange questões complexas vividas pela sociedade brasileira – desigualdade social, desemprego, busca por qualidade de vida, entre outras – e que são objeto de estudos científicos. O encaminhamento para essas questões perpassa a educação básica, em particular a disciplina de Geografia, a partir da formação da cidadania e da participação efetiva dos cidadãos. Ressaltamos, portanto, a importância de estudos científicos voltados para o ensino escolar: o papel do professor na mediação da relação que envolve o aluno e os conteúdos escolares, para o desenvolvimento de sua capacidade de raciocínio lógico e crítico; o impacto das novas tecnologias no ensino; as relações entre conhecimento, poder e currículo; os conflitos entre os diferentes interesses e linguagens oriundos da diversidade cultural (Cavalcanti, 1998).

Entretanto, ainda que sejam produzidas pesquisas relacionadas à prática de ensino, os avanços teóricos obtidos demoram a chegar à prática escolar. Esta, em boa parte das escolas, ainda é desenvolvida segundo métodos tradicionais de ensino (Cavalcanti, 1998).

Esses e outros percalços culminaram em uma profunda crise na Geografia escolar. Straforini (2004) refere-se a um grande dilema: nesse momento marcado pela globalização, a Geografia é a disciplina escolar mais adequada para explicar as transformações ocorridas; no entanto, contraditoriamente, sua carga horária vem diminuindo cada vez mais. Para esse autor, essa contradição se desdobra em três caminhos: o primeiro deles está relacionado à inserção do ensino de Geografia no contexto político educacional, no qual se tem ausência de infraestrutura e de recursos didáticos, a degradação da carreira do magistério e uma reforma verticalizada que visa atender interesses externos, principalmente os de agências de financiamento. Das recomendações feitas por essas agências, podemos citar o processo de avaliação do sistema em todos os níveis da educação; o maior tempo de escolaridade em detrimento da qualidade do ensino-aprendizagem; o incentivo à competitividade e ao merecimento. Em busca desses resultados, as escolas mudaram suas grades curriculares, diminuindo a carga horária das disciplinas de Geografia e História em favor do aumento da carga horária das disciplinas de Matemática e Língua Portuguesa, que possuíam mais peso nas avaliações do sistema.

O segundo caminho da crise passa pela crítica à geografia crítica, a qual foi inserida verticalmente nas propostas curriculares e também nos livros didáticos sem uma preparação intelectual adequada dos professores, o que levou a um desinteresse pela geografia nas escolas.

E o terceiro e principal caminho centra-se no distanciamento entre a teoria e a práxis. Ao considerar um contexto social, político e econômico e as questões teórico-metodológicas da geografia e da educação, é enfatizada a necessidade de um método de ensino, ou seja, uma visão de mundo que apóie o processo de ensino-aprendizagem.

Para o profissional que trabalha com o ensino escolar, a relação entre a geografia e sua organização para o ensino vai além do domínio de conteúdos e métodos dessa ciência. Cavalcanti (1998) afirma que deve ser incluída nessa relação a aprendizagem dos alunos segundo seus aspectos físicos, afetivos, intelectuais e socioculturais.

Nesse sentido, ao olhar, por exemplo, para crianças e jovens como sujeitos que (re)constroem cotidianamente o espaço urbano e circulam por ruas, praças, parques e centros culturais e recreativos, torna-se evidente a importância do tratamento desse espaço na escola. É fundamental considerar as experiências e a visão de mundo desses sujeitos, uma vez que eles constroem identidades entre si e com esses espaços e desenvolvem o sentido de pertencimento aos lugares, os quais, muitas vezes, tornam-se seus territórios. Ressaltamos, entretanto, que essa responsabilidade não deve ser atribuída apenas à escola; a cidade também precisa exercer um papel educativo em relação a esses jovens, pois eles nela vivem e, consequentemente, transformam-na.

No ensino de Geografia em tempos de globalização, as escalas local, regional, nacional e global não se apresentam fragmentadas e estanques; elas se superpõem e se complementam. O espaço é a totalidade e onde a realidade ocorre. No lugar onde se desenvolvem as experiências cotidianas há também o global e vice-versa. O lugar é o referencial para o próximo e o vivido, é mais concreto e é nele que o global se apresenta e é sentido (Straforini, 2004).

A escola, como espaço educativo, precisa estar aberta e conectada à vida de seu entorno, a fim de que faça sentido para o seu ator principal: a criança, o jovem, o aluno. No entendimento de Rego (2000, p. 8):

o conhecimento geográfico produzido na escola pode ser o explicitamento do diálogo entre a interioridade dos indivíduos e a exterioridade das condições do espaço geográfico que os condiciona – sendo esse diálogo mediado pelas dinâmicas intersubjetivas estabelecidas na relação educacional, intersubjetividades que podem chegar a acordos referentes não somente ao como compreender, mas também, em alguma medida, ao como transformar a realidade cotidianamente vivida.

O papel da geografia escolar, por meio do estudo dos lugares, dos espaços, das paisagens, das territorialidades e dos significados que a sociedade lhes atribui, é trazer à tona as contradições da sociedade presentes nessas categorias. Mais do que isso: a Geografia escolar, ao adotar paradigmas da ciência geográfica que proporcionam a reflexão sobre o espaço contemporâneo e caótico e os mais diversos aspectos que o compõem e que estejam para além da dicotomia geografia física/humana, pode atuar na melhoria do meio e da qualidade de vida através da produção de novos esquemas mentais, promovendo outras leituras de mundo.

1.2 Principais correntes do pensamento geográfico

As transformações socioespaciais demandaram diferentes enfoques para o estudo científico da geografia, resultando em suas linhas ou correntes do pensamento. Por este se tratar de importante conteúdo para a contextualização da ciência geográfica e, consequentemente, da geografia escolar, abordaremos noções das principais correntes do pensamento: a **tradicional**, a **teorético-quantitativa**, a **crítica** e a da **percepção**.

Esta última, abordada com maior ênfase, constitui-se aqui em uma proposta teórico-metodológica para o trabalho docente.

1.2.1 A geografia tradicional

Até a Idade Média, a geografia estava centrada em estudos relacionados à astronomia e à cartografia e entre suas principais funções estavam a organização de rotas e o levantamento de recursos naturais para exploração.

Nos últimos séculos, entretanto, o desenvolvimento econômico, social e cultural fez com que a relação entre a sociedade e a natureza fosse interpretada sob uma nova ótica, provocando uma evolução no conceito do objeto de estudo da geografia: eram procuradas explicações para os fenômenos observados, principalmente aqueles envoltos por condições naturais. No século XIX, a geografia se tornou uma ciência autônoma. Foram grandes as contribuições de Humboldt (naturalista e viajante) e Ritter (filósofo e historiador) e de seus sucessores no final do século XIX, como Ratzel, que defendia um império colonial para a Alemanha.

Influenciado pela teoria darwinista, Ratzel acreditava que o homem era selecionado para sobreviver por sua capacidade de se adaptar ao meio natural e de controlá-lo; o europeu seria mais forte e superior aos povos colonizados, os quais eram considerados selvagens e cujas civilizações estariam estagnadas. Essa concepção conduziu geógrafos ingleses e americanos ao determinismo, uma vez que, para eles, o homem era considerado um produto do meio (Andrade, 1987).

Élisée Reclus e Pietr Kropotkin foram dois grandes geógrafos do final do século XIX e início do século XX que, apesar de positivistas, receberam influências do pensamento dialético. Posicionaram-se contra a estrutura de poder do Estado e defenderam as reformas sociais e as classes desfavorecidas da sociedade.

Reclus, francês de família humilde, desenvolveu uma teoria libertária na qual condenava a expansão das colônias de exploração, defendendo, por outro lado, o estabelecimento de colônias europeias de povoamento.

Kropotkin, russo de família nobre, desenvolveu uma intensa atividade revolucionária que o levou ao exílio por mais de 40 anos. No campo da educação, Kropotkin não acreditava na neutralidade do ensino. Para ele, a geografia poderia levar à compreensão dos povos e ao desenvolvimento do sentimento de fraternidade entre as raças e culturas, promovendo a paz internacional. Sugeriu para os professores o uso de livros de viagens e as aulas de campo a fim de despertar o interesse dos alunos (Andrade, 1987).

O momento era marcado por grandes transformações geopolíticas e científicas: acontecia o desenvolvimento do capitalismo em sua fase industrial, o qual exigia um conhecimento aprofundado do espaço produtivo. Na geografia não mais se buscavam leis (numa perspectiva positivista) para o entendimento dos fenômenos físicos.

Em meados do século XX, surgiram, então, as escolas geográficas, relacionadas a um sentido nacionalista profundo. A geografia se fragmentou em escolas nacionais ou até regionais para atender à situação econômica e social de cada país, pois as escolas estavam comprometidas com os governos de que dependiam e aos quais serviam:

> *na Alemanha, para justificar e tentar legitimar a luta pelo espaço vital, na França e na Grã-Bretanha para melhor conhecer os seus impérios coloniais, nos Estados Unidos e na Rússia para justificar e consolidar a expansão por áreas contínuas e habitadas por povos pobres que permaneceriam sob seu domínio e orientação.* (Andrade, 1987, p. 67)

Tal situação levou os geógrafos a analisarem porções do espaço, supondo que assim teriam um maior conhecimento do todo. A geografia, dessa forma, consolidou-se como ciência descritiva e idiográfica.

Apesar de caracterizada pela descrição, a fase tradicional deixou conhecimentos sistematizados e o esboço de alguns conceitos, como área, *habitat*, ambiente, território, região, sendo que os dois últimos têm sido mais discutidos nas correntes posteriores.

Na geografia tradicional, o espaço não é considerado um conceito central, mas aparece nas obras de Ratzel como base fundamental para a vida do homem. Ratzel desenvolveu os conceitos de território e espaço vital ligados à ecologia e com forte caráter político. O espaço vital, ideia amplamente utilizada por Hitler no início do século XX, considera o equilíbrio entre os recursos naturais e o total da população, diante das necessidades de uma sociedade em função do desenvolvimento tecnológico, ou seja, relaciona a população de um Estado e a utilização de seu território. Para Hartshorne, citado por Corrêa (2003, p. 19), o espaço "é somente um quadro intelectual do fenômeno, um conceito abstrato que não existe em realidade [...] a área em si própria está relacionada aos fenômenos dentro dela, somente naquilo que ela os contém em tais e tais localizações".

Com isso, podemos verificar que o conceito de espaço na corrente tradicional da geografia não foi amplamente desenvolvido e, portanto, esse enfoque não é adequado para abordar as complexas relações entre a sociedade e a natureza.

No âmbito da Geografia escolar, a fase tradicional dessa ciência se refletiu nos métodos e nos conteúdos de ensino, para os quais é importante a transmissão do conhecimento, ou seja, a informação sobre as áreas da superfície terrestre por meio de aulas expositivas e de uma geografia dicotomizada. Nesse contexto, o aluno era visto como um ser passivo e externo a tudo o que acontece no mundo, cabendo-lhe a memorização dos elementos de paisagem, como rios, montanhas e recursos naturais e produzidos. Os questionários eram amplamente utilizados e os mapas serviam apenas para localizar e descrever fenômenos. Devido ao fato de essa abordagem ser caracterizada pela descrição, classificação e fragmentação do espaço, ela entrou em declínio nas décadas de 1950 e 1970, quando surgiu o movimento de **renovação da geografia**, com a corrente **teorético-quantitativa**. Embora a geografia tenha avançado epistemologicamente, há, ainda hoje, muitos professores que utilizam o método tradicional de abordagem para o ensino.

1.2.2 A geografia teorético-quantitativa

Essa corrente, também conhecida como *geografia nova*, utilizou amplamente os modelos matemático-estatísticos. Com os avanços tecnológicos do pós-guerra, os neopositivistas[G]* quantificaram o espaço geográfico, muitas vezes desconsiderando as peculiaridades espaciais. Em seus métodos predominavam abordagens essencialmente metodológicas em detrimento das epistemológicas. Era uma geografia que servia a governos autoritários e grandes empresas voltadas para o crescimento econômico, sem considerar os custos sociais e ecológicos.

Sendo um novo enfoque para os estudos geográficos, a concepção de espaço é ressignificada nessa corrente. Para Corrêa (2003, p. 22-23):

> *Trata-se de uma visão limitada de espaço, pois, de um lado, privilegia-se em excesso a distância, vista como variável independente. Nesta concepção, de outro lado, as contradições, os agentes sociais, o tempo e as transformações são inexistentes ou relegadas a um plano secundário. Privilegia-se um presente eterno e, subjacente, encontra-se a noção paradigmática de equilíbrio (espacial), cara ao pensamento burguês.*

Assim, estudar o espaço geográfico a partir do enfoque teorético-quantitativo significa analisá-lo com base nos números e nas estatísticas, isto é, quantificar a complexidade presente nele. Por outro lado, essa linha de pensamento trouxe contribuições à geografia. Para Corrêa (2003, p. 23), é possível extrair um conhecimento sobre localizações e

---

* A presença do ícone[G] indica a inclusão do termo em questão no Glossário, ao final da obra.

fluxos, hierarquias e funções. O autor também argumenta que "tais modelos nos fornecem pistas e indicações efetivamente relevantes para a compreensão crítica da sociedade em sua dimensão espacial e temporal, não devendo ser considerados como modelos normativos como se pretendia".

Santos (2002, p. 75) avalia que o maior pecado da geografia quantitativa é que ela não considera a existência do tempo, pois trabalha somente com estágios sucessivos da evolução espacial, mas não com o que há entre um estágio e outro. Ou seja,

> *temos, assim, uma reprodução de estágios em sucessão, mas nunca a própria sucessão. Em outras palavras, trabalha-se com os resultados, mas os processos são omitidos, o que equivale a dizer que os resultados podem ser objeto não propriamente de interpretação, mas de mistificação. Pode-se conhecer uma coisa desconhecendo sua gênese? O espaço que a geografia matemática pretende reproduzir não é o espaço das sociedades em movimento, e sim a fotografia de alguns de seus momentos [...].*

No ensino, essa corrente abusou dos dados estatísticos e também condenou o uso das aulas de campo, por considerar desnecessária a observação da realidade, a qual era substituída por análises e medições em laboratório.

1.2.3 A geografia crítica ou radical

A geografia crítica surge na década de 1970, em um contexto econômico, social e político turbulento, no qual se constata intensa exploração da natureza, aumento da desigualdade social e um movimento político das classes populares, que lutam por ampla reforma da sociedade.

Tal situação se refletiu no campo científico, no qual os geógrafos introduziram categorias dialéticas marxistas para a análise das relações entre o homem e a natureza e para a compreensão da realidade. De acordo com Andrade (1987), havia, por parte desse grupo de cientistas, uma crítica às correntes do pensamento anteriores, as quais se proclamavam *neutras*. Porém, para os radicais, a neutralidade era uma forma de se esquivar de compromissos políticos e sociais.

No entanto, os estudos da vertente crítica muitas vezes foram tratados com absoluto rigor científico, como método de análise, em contraposição a alguns geógrafos que a tomaram como uma doutrina, no sentido de adotá-la como teoria indiscutível. No grupo da geografia crítica, observamos grandes subdivisões:

> *a corrente formada por geógrafos não marxistas, mas comprometidos com reformas sociais, geógrafos com formação anarquista que se ligam originariamente aos discursos de Élisée Reclus e P. Kropotkin, em suas críticas à sociedade burguesa, e propugnam por uma evolução libertária, e geógrafos de formação marxista.* (Andrade, 1987, p. 122)

Grande é o legado do professor Milton Santos para a geografia, em especial para a renovação crítica dessa ciência. Esse autor discutiu profundamente o conceito de **espaço** e outras categorias da geografia em suas obras, assim como questões ligadas ao subdesenvolvimento e à inclusão social. Ele desenvolveu o pensamento crítico sobre a contemporaneidade e a globalização e, apesar de considerar esta última perversa, defendeu que outra globalização mais democratizada seria possível.

Todos esses avanços epistemológicos vão se repercutir no campo da educação. A geografia crítica, em especial, trouxe grandes contribuições ao ensino, uma vez que os conteúdos passaram a ser caracterizados pela reflexão a respeito da organização do espaço e de suas contradições. Tal fato acarretou uma forte tendência em analisar a produção do espaço a partir das estruturas sociais, das relações de trabalho e do sistema capitalista, que eram temas norteadores de todos os conteúdos da geografia.

Na década de 1980, a geografia crítica é, então, incorporada às propostas curriculares estaduais e aos livros didáticos. Com isso, ineditamente a realidade do aluno ganha destaque, porém os discursos e a prática em sala de aula passam a enfatizar conteúdos cujo viés é mais pertinente a outros campos do conhecimento, como sociologia e história. As categorias geográficas **lugar, paisagem** e **território** praticamente desapareceram dos livros didáticos da época. Todas as práticas e recursos (equivocadamente mapas e globos) que tinham por detrás a ideia do método tradicional foram rejeitados.

De acordo com Straforini (2004), nas escolas públicas não houve uma construção intelectual dos professores de geografia para a implantação da perspectiva crítica. Muitas vezes, os primeiros contatos deles com essa corrente ocorria por meio dos livros didáticos. Fica então evidente que a introdução da geografia crítica no ensino ocorreu de forma verticalizada, pois, segundo esse autor, os conteúdos chegavam aos professores de forma acabada, ou seja, na prática eles permaneciam estanques e as escolas continuavam conteudistas, semelhantemente ao que ocorria sob a perspectiva tradicional. Contudo, no presente ainda se faz necessário inserir na prática escolar o caráter dinâmico, multilateral, de processo e contradição dessa corrente.

1.2.4 A percepção em geografia

A abordagem da ciência geográfica sob o viés da percepção vem sendo adotada no Brasil desde a década de 1970. Consequentemente, vem sendo uma tendência tratar a geografia escolar sob essa ótica.

O estudo de percepção em geografia possui uma abordagem humanística e suas bases filosóficas estão na fenomenologia. O termo *fenômeno*, em grego, corresponde a "o que aparece"; assim, a fenomenologia estuda os objetos como aparecem, ou como se mostram. Essa corrente filosófica está centrada na apreensão das essências por meio da percepção das pessoas, sendo fundamental a experiência vivida e adquirida pelo indivíduo. No campo científico, a percepção em geografia diferencia-se das observações empíricas, voltando-se às subjetividades individuais e coletivas.

Os primeiros trabalhos e os conceitos

A percepção do ambiente difundiu-se no meio científico a partir da década de 1960, quando as reflexões dos psicólogos acerca da percepção deixaram de ser exclusivamente experimentais e passaram a abordar um contexto global. Os primeiros autores a usar essa abordagem no campo da geografia foram Burton & Kates (1964), White (1962, 1964, 1978), Gibson (1950), Lowenthal (1967), entre outros.

Sob esse novo enfoque, os geógrafos começam a estudar a percepção que o homem tem do mundo e os significados que ele atribui aos objetos percebidos a partir da sua experiência, da sua cultura e de suas aptidões.

Edward Relph é um dos autores pioneiros desses estudos geográficos. No final da década de 1970, ele expressou o pensamento fenomenológico sobre o **mundo vivido**, o qual se apresenta como um mundo de ambiguidades, comprometimento e significados, onde nos encontramos indissociavelmente envolvidos. Entretanto, argumenta que os conceitos das ciências e a adoção de convenções da sociedade tornam pouco claros os significados próprios do mundo vivido e, embora vivamos nele, este não é incontestavelmente evidente, ao passo que os seus significados não estão explícitos, mas precisam ser descobertos (Relph, 1979).

Buttimer (1982) sustenta que a experiência é construída no mundo vivido, o qual poderia ser considerado o "substrato latente da experiência". Assim, sob o olhar da fenomenologia acerca da experiência humana no espaço, Schrag, citado por Buttimer (1982, p. 174), argumenta que "o **espaço** é um conjunto contínuo dinâmico, no qual o experimentador vive, desloca-se e busca um significado. É um horizonte vivido ao longo do qual as coisas e as pessoas são percebidas e valorizadas" (grifo nosso). Para esse autor, cada pessoa está envolvida por camadas concêntricas de espaço vivido e nesses níveis espaciais podem haver lugares privilegiados.

O **espaço vivido** também pode ser analisado do ponto de vista das ciências humanas: "estudar o espaço vivido significa superar a dimensão do espaço-extensão, ou espaço-suporte das atividades, para colher a noção de representação do espaço, como espaço construído através do olhar das pessoas que o vivem-habitam [...]" (Bettanini, 1982, p. 118). Para esclarecer essa noção de espaço vivido, o referido autor menciona Minkowski, trazendo à tona a ideia de que o espaço vivido é um espaço "amatemático" e "ageométrico":

> *existe porém um espaço vivido, como existe um tempo vivido. O espaço não se reduz para nós as relações geométricas, relações que estabelecemos como se nos encontrássemos fora do espaço, reduzidos nós mesmos ao simples papel de espectadores curiosos ou de cientistas. Nós vivemos e agimos no espaço. E é no espaço que se desenvolvem tanto nossa vida pessoal como a vida coletiva da humanidade. [...] Para viver, temos necessidade de extensão, de perspectiva. O espaço é tão indispensável quanto o tempo para a expansão da vida [...].* (Bettanini, 1982, p. 118)

O espaço vivido, portanto, transcende o espaço geométrico. É dinâmico, rico em simbolismos, enfoca as relações espaciais, as contínuas experiências, a cultura e as aspirações humanas.

O conceito de **espaço** – e outras categorias geográficas – na corrente da percepção também é desenvolvido por Yi-Fu Tuan, que surge como uma referência nos estudos dessa corrente devido à abrangência de seus trabalhos. Tuan (1983) assegura que as ideias de **espaço** e **lugar** não podem ser definidas separadamente, visto que, na experiência, os significados de uma e de outra frequentemente se fundem. Como elementos do ambiente, esses conceitos se relacionam intimamente. Enquanto espaço sugere liberdade, lugar remete à segurança.

Para o citado autor, o espaço experienciado é um conceito móvel atrelado ao lugar, que, ao contrário daquele, é essencialmente estático, organizado e repleto de significado. Todavia, o espaço, apesar de ser mais abstrato, vai assumindo o aspecto de lugar, conforme adquire definição e significado e, finalmente, quando nos é inteiramente familiar, transforma-se definitivamente em lugar.

Por outro lado, Relph (1979) atribui ao espaço a característica de não ser vazio, conferindo a ele, por vezes, qualidades e significados. Porém, o autor assegura que é o contexto necessário e significante de todas as ações e façanhas humanas, portanto, é vivido. Como a consciência de espaço se altera, do mesmo modo as qualidades e as significações dele devem mudar para os homens. Assim, "os espaços que encontramos em nossos mundos vividos são, acima de tudo, espaços construídos – feitos pelo homem e, consequentemente, comunicam intenções e significados humanos" (Relph, 1979, p. 11), de sorte que essas intenções e esses significados são atributos que interferem na percepção das pessoas.

Esse mesmo autor refere que, no mundo vivido, três fenômenos da experiência se inter-relacionam: espaço como experienciado, paisagem como superfície limitante do espaço e lugar como centro de significado no espaço e na paisagem.

A forma de entendimento da **paisagem** se processa por meio de sua percepção, conforme a definição de Collot, citada por Bley (1990, p. 15-16): "diferentemente de outras entidades espaciais construídas por intermédio de um sistema científico e simbólico como o mapa, ou sociocultural como o território, a paisagem se define como um espaço percebido". Assim, se a paisagem é percebida, também é um espaço repleto de significados.

Nesse sentido, entre espaço, paisagem e lugar como fenômenos experienciados, Relph (1979) assevera que não existem limites precisos, como tampouco há meras generalizações que possam ser feitas a respeito do modo como os indivíduos se relacionam com os lugares. Todos os lugares significativos para alguém são únicos e centrais. As peculiaridades deles são indicadas pelas paisagens e pelos espaços idiossincráticos.

Com efeito, para Tuan (1983), o homem possui experiências íntimas com o lugar: o lar é um lugar íntimo, assim como a cidade natal o é. Dessa forma, o lugar admite escalas diferentes, podendo ser considerado uma poltrona ou mesmo o planeta. Em uma de suas análises sobre essa categoria espacial, esse autor sustenta que:

> Lugar é qualquer objeto estável que capta nossa atenção. Quando olhamos uma cena panorâmica, nossos olhos se detêm em pontos de interesse. Cada parada é tempo suficiente para criar uma imagem de lugar que, em nossa opinião, momentaneamente parece maior. A parada pode ser de tão curta duração e de interesse tão fugaz, que podemos não estar completamente conscientes de ter detido nossa atenção em nenhum objeto em particular; acreditamos que simplesmente estivemos olhando a cena em geral. (Tuan, 1983, p. 179)

Entretanto, alguns lugares, por serem extremamente significantes para determinados indivíduos e grupos, são conhecidos emocionalmente, embora sejam visualmente inexpressivos. Portanto, ao longo do tempo, o lugar pode adquirir significado profundo para o homem, conforme o sujeito aumenta seu sentimento por ele.

Na medida em que espaços, paisagens e lugares são experienciados como atributos do mundo vivido, as relações, nessas experiências, bem como as relações entre as três categorias, são chamadas de *geograficidade*.

Dardel (1952) preconiza que, no amor à terra natal ou na pesquisa do desconhecido, uma relação concreta une o homem e a terra, uma geograficidade (*geographicité*) do homem como modo de sua existência e de seu destino. A realidade geográfica requer um envolvimento do sujeito por meio da sua vida emocional, do seu corpo e de seus hábitos, de modo tão intenso, que ele venha a esquecê-la, como pode esquecer de sua própria vida psicológica. Porém, a realidade geográfica ainda vive escondida e pronta para acordar. A geograficidade designa as maneiras pelas quais sentimos e conhecemos o meio, assim como os relacionamentos que temos com os espaços e as paisagens.

Para Nogueira (2002), a geograficidade existe apenas na relação homem-mundo, homem-lugar. O lugar além de seus limites e aspectos físicos, o lugar de vida.

Geograficidade é, portanto, um termo que compreende todos os tipos de ligações e inter-relações entre o homem e os ambientes vividos, anterior à análise e à atribuição de conceitos a essas experiências. Configura-se, dessa forma, como uma aceitação passiva e inconsciente, podendo, no entanto, ser rompida por qualquer experiência incomum que venha manifestar a consciência geográfica. Ao se confirmar essa circunstância, a atenção do indivíduo volta-se para espaços, paisagens e lugares e para situações apresentadas.

Quando essas experiências são positivas e prazerosas, tornam-se experiências topofílicas; já quando são desagradáveis e repugnantes, tornam-se experiências topofóbicas. Bachelard, citado por Bettanini (1982), expressa a utilização de noções topológicas no conceito de espaço como "topoanálise" e institui, por assim dizer, o conceito de **topofilia**:

> *Queremos examinar, de fato, imagens muito simples, as imagens do espaço feliz. Nossas análises mereceriam, nesta perspectiva, o nome de "topofilia". Elas visam determinar o valor dos espaços possuídos, dos espaços defendidos das forças contrárias, dos espaços amados [...]. Ao seu valor de proteção, que pode ser positivo, somam-se também valores imaginados, e estes valores se tornam logo valores dominantes. O espaço apreendido pela imaginação não pode permanecer indiferente,*

confiado ao metro e à reflexão do geômetra. É vivido. E é vivido não em sua positividade, mas em todas as parcialidades da imaginação [...]. (Bettanini, 1982, p. 120)

Contudo, nas décadas de 1970 e 1980, Tuan (1983) desenvolve vários conceitos utilizados na percepção do espaço. Dentre tais conceitos, enriquece o termo *topofilia*, incluindo experiências deleitáveis de lugares. Para o autor, esse conceito significa o elo afetivo entre a pessoa e o lugar ou o ambiente físico. Pode ser um prazer visual efêmero, o deleite do contato físico, o apego por um lugar por ser familiar e representar o passado, ou porque evoca orgulho de posse ou de criação. O conceito de **topofilia** é impreciso; porém, como experiência pessoal, a topofilia é vívida e concreta; assume muitas formas e varia em intensidade, amplitude emocional, sutileza e modo de expressão.

Entretanto, para Relph (1979, p. 20), "a topofilia provê apenas uma descrição parcial da geograficidade semiconsciente, porque muitos de nossos encontros com os nossos mundos vividos estão longe de serem agradáveis. Por causa do costume, as circunstâncias de paisagem e de lugar podem ser topofóbicas".

A **topofobia**, então, ao contrário da topofilia, representa as experiências negativas com o meio ambiente. São experiências amargas, desagradáveis, repulsivas, que podem induzir à ansiedade e à depressão. Há ambientes nos quais "a completa feiúra da paisagem e a depressão de seus habitantes, presumivelmente, reforçam um ao outro num ciclo vicioso" (Relph, 1979, p. 20).

No Brasil, os estudos de percepção ambiental surgem na década de 1970, nos trabalhos de Lívia de Oliveira. Principalmente entre as décadas de 1970 e 1990, esse paradigma é explorado nas pesquisas de Machado, Bley, Del Rio, Xavier, Kozel, Amorim Filho e outros.

A percepção ambiental ganha, então, novas abordagens no estudo e nas práticas de ensino, sendo inspiradora de novos conceitos no campo da geografia humanista, como o de geração de ambiências, concebido por Nelson Rego*. Esse pesquisador entende que o espaço vivido pode se traduzir em uma rede de manifestações do cotidiano, na qual relações sociais são articuladas a relações físico-sociais. Essa rede de manifestações ocorre em torno das intersubjetividades, que são as redes nas quais se constituem as existências individuais – no trabalho, na escola, na família, nas diversas formas da vida em sociedade.

Nas investigações humanísticas tem ressurgido a **representação em geografia**. Com suas bases principalmente na geografia cultural, e não apenas na psicologia, essa perspectiva reporta-se à elaboração e à construção do espaço por indivíduos e grupos humanos. Entre os precursores dessa linha estão Bailly e André, que, no final da década de 1980, sugeriram ao professores de ensino médio o uso do conhecimento prévio dos alunos para o estudo dos lugares, representando-os por cartas mentais. As aulas partiriam não apenas da história de vida e do espaço vivido de cada um, mas de como os lugares estariam sendo substituidos por informações de viagens, pela mídia e pela literatura (Nogueira, 2002).

Ainda que as representações espaciais há muito tempo façam parte do campo da geografia, elas se estruturaram na cartografia e, atualmente, abrangem, além da linguística e da comunicação, a cultura, os valores, os significados, a ideologia, a religião e as etnias (Kozel, 2002).

Apesar de as abordagens ora apresentadas serem adotadas em nível teórico no Brasil, há algumas décadas verificamos que, na prática de ensino, ainda é comum encontrarmos profissionais que atuam conforme o método tradicional. O ensino de Geografia orientado sob esse viés prevaleceu nas escolas até meados do século XX. A partir das décadas de 1930 a 1950, período em que a Escola Nova foi adotada em muitas instituições de ensino no Brasil, o ensino de Geografia se abriu para outros métodos mais críticos.

---

* A esse respeito, consultar o capítulo 5.

A Geografia escolar, de uma forma ou de outra, sempre teve e terá uma estreita relação com a ciência geográfica, já que os conteúdos ensinados na escola são resultado da produção científica do conhecimento. Conforme Andrade (1987), a ciência geográfica, assim como outras ciências, tem um profundo laço de dependência com as formas de ação e de pensamento provenientes das estruturas dominantes na sociedade.

Síntese

~ A Geografia é uma disciplina com muitas possibilidades de interdisciplinaridade porque agrega também saberes de diversas áreas do conhecimento.
~ As transformações socioespaciais demandaram diferentes enfoques para o estudo científico da geografia, resultando nas correntes do pensamento dessa ciência.
~ Relacionando conceitos de percepção, podemos dizer que as imagens do ambiente captadas pelo sentido da visão e selecionadas de acordo com os nossos interesses vão constituir o **mundo visual** percebido. O mundo visual, único e particular, compõe os **espaços vividos**, os quais, por sua vez, possuem **lugares privilegiados** e integram o **mundo vivido**. Este irá configurar-se, sobretudo, em espaços humanos carregados de **experiências** humanas, sejam elas **topofílicas** ou **topofóbicas**, e de inter-relações homem-ambiente que, finalmente, interferirão na **percepção** dos indivíduos.

Atividades de autoavaliação

1. Sobre os estudos geográficos, analise as sentenças a seguir e assinale verdadeiro (V) ou falso (F), justificando sua resposta em seu caderno:
   ( ) A ciência geográfica concentra seus estudos na observação e na descrição da superfície terrestre.
   ( ) Uma interpretação para o objeto de estudo da geografia está em entendê-lo como produto do trabalho humano.
   ( ) O espaço geográfico também pode ser entendido como espaço vivido, no sentido de que o homem o habita, age sobre ele e desenvolve relações com ele.
   ( ) A geografia nova é considerada neopositivista porque, em sua metodologia, utiliza modelos e os resultados são quantitativos.

2. Considerando que o espaço geográfico é o objeto de estudo da geografia, reflita sobre as afirmações a seguir e assinale (V) para as verdadeiras e (F) para as falsas, justificando-as em seu caderno:
   ( ) O espaço geográfico é composto de materialidade (natural e construída) e de relações políticas, econômicas, sociais e culturais.
   ( ) Para um bom entendimento das relações presentes no espaço geográfico, os conteúdos da Geografia escolar devem estar organizados de forma que o aluno memorize informações sobre os elementos naturais e a sociedade.
   ( ) Um dos principais objetivos da geografia na educação básica é permitir que o aluno leia o espaço geográfico, compreendendo a realidade física e social presente nesse espaço.
   ( ) A linguagem cartográfica, bem como a formação de conceitos como espaço, lugar, território, região, natureza e sociedade, são dois grandes eixos para o desenvolvimento do raciocínio geográfico.

3. Leia as afirmações a seguir, marque a alternativa correta e, em seu caderno, justifique sua resposta:
   I. Quando pensamos em interdisciplinaridade, se o arcabouço conceitual não estiver muito claro para o professor, a dicotomia Geografia física/humana pode interferir de forma prejudicial no ensino dessa disciplina escolar.
   II. A metodologia descritiva é a mais adequada para os estudos geográficos, pois permite que o aluno adquira amplo conhecimento dos territórios e dos elementos naturais.
   III. A geografia quantitativa pouco contribuiu para a construção do conhecimento, uma vez que os dados eram apenas levantados e raramente discutidos.

   a) Somente as afirmativas I e a II estão corretas.
   b) Somente as afirmativas I e a III estão corretas.
   c) Apenas as afirmativas II e a III estão corretas.
   d) Todas as afirmativas estão corretas.

4. Associe as correntes do pensamento da geografia com as sentenças que se apresentam na sequência e, depois, escolha a alternativa correta:
   I. Geografia tradicional.
   II. Geografia teorético-quantitativa.
   III. Geografia crítica.

   ( ) O espaço geográfico é produto do trabalho humano na necessária luta pela sobrevivência; os seres humanos assim o usam e o (re)constroem.
   ( ) Dos resultados obtidos a partir do modelo empregado, pode-se chegar a uma avaliação crítica do espaço geográfico.
   ( ) O homem é considerado um ser social que transforma os espaços e deles se apropria.

( ) Os conhecimentos geográficos estão voltados para o inventário de elementos e recursos naturais para exploração.
a) I, II, III e II.
b) II, III, I e II.
c) III, II, III e I.
d) I, III, II e III.

5. Em relação aos estudos de percepção em geografia, verifique qual alternativa está **incorreta**, explicando sua resposta em seu caderno:
   a) Os conceitos de espaço, enquanto espaço vivido, e de lugar são os mais valorizados.
   b) A paisagem é estática e não tem significado nessa corrente, uma vez que as experiências humanas não ocorrem nessa categoria.
   c) *Geograficidade* é um termo que abrange tanto as experiências topofílicas quanto as topofóbicas.
   d) A topofilia existe quando há o sentimento de apego ao lugar. Assim, o amor à terra natal, o sentimento de "posse" dos lugares, o patriotismo, boas lembranças etc. são sentimentos topofílicos.

Atividades de aprendizagem

Questões para reflexão

1. Relacione o movimento de renovação da geografia e o contexto socioeconômico e político da época.
2. De que forma a geografia crítica ou radical procura superar as lacunas da geografia tradicional?

Atividades aplicadas: prática

1. Para aprofundar o sentido do objeto de estudo da geografia, responda às seguintes perguntas: Onde é o lugar em que você mora?

Como ele é? O que aconteceu para ele ter essa organização? Que relações ele estabelece com outros lugares (bairros vizinhos, cidades, estados, países)?

2. Considere um campo de estudo da geografia, como, por exemplo, o espaço urbano. Selecione um texto científico sobre o assunto. Você pode encontrar esses textos na bibliografia sugerida a seguir. Com base no texto escolhido, estabeleça uma abordagem para trabalho na educação básica, com o objetivo de diferenciar o enfoque escolar do acadêmico.

Sugestão de bibliografia

SHÄFFER, N. A cidade nas aulas de Geografia. In: CASTROGIOVANNI, A. et al. (Org.). **Geografia em sala de aula**: práticas e reflexões. 4. ed. Porto Alegre: UFRGS/AGB, 2003.

Capítulo 2

É importante que o professor tenha uma postura escolar coerente com a sua abordagem teórica. Isso proporcionará clareza ao profissional em sua prática: no desenvolvimento de atividades, na elaboração de projetos, no planejamento de suas aulas ou, ainda, na organização dos conteúdos.

A percepção como abordagem do espaço geográfico no ensino

Na transposição de conteúdos científicos para o ensino escolar, o professor encontrará apoio nas teorias pedagógicas emergentes, as quais podem auxiliar na elucidação de um caminho escolar a ser seguido, razão pela qual abordamos aqui a construção do conhecimento. Essa área da pedagogia permite-nos tecer relações entre a ciência geográfica, com o enfoque da geografia humanista, e o ensino da Geografia escolar. Começaremos, pois, com a elucidação dos processos cognitivos da percepção e o emprego desta nas aulas de campo.

2.1 Aspectos cognitivos da percepção em geografia*

Os trabalhos de Lívia de Oliveira têm preconizado a epistemologia da percepção ambiental. Para essa autora, a visão, sentido que mais interessa para essa teoria, é tida como uma sensação, a qual necessita dos órgãos sensoriais para receber as informações externas e captar sinais específicos. Já a percepção é definida por ela como "o significado que atribuímos às informações recebidas pelos nossos sentidos, como sensações" (Oliveira, 2000), de sorte que esta implica maior profundidade que a sensação, adquirindo significados. Além disso, a percepção é essencialmente pessoal e só pode ser comunicada através da linguagem ou do desenho.

Em Oliveira e Machado (2004), temos que as principais variáveis da percepção são o espaço e o tempo, pois assim é o mundo em que vivemos. A percepção atua como uma defesa do indivíduo contra a insegurança e a ansiedade, por isso percebemos o que tem significado de acordo com nossas necessidades e interesses. Na visão piagetiana, a percepção é um processo que faz parte da vida cognitiva da pessoa. O que distingue essa teoria das demais é que Piaget "interpõe entre a percepção e a inteligência uma atividade perceptiva, que mantém um *continuum* processo entre elas" (Oliveira; Machado, 2004, p. 131). Desse modo, o pensamento é constantemente alimentado pelas percepções e essas informações serão processadas.

Tuan (1980, p. 4) afirma que a "percepção é tanto a resposta dos sentidos aos estímulos externos, como a atividade proposital, na qual certos fenômenos são claramente registrados, enquanto outros retrocedem para a sombra ou são bloqueados". Portanto, grande parcela do que percebemos tem valor para nós, atendendo a necessidades biológicas ou conveniências culturais.

---

* As seções 2.1 e 2.2 foram extraídas de Stefanello (2006).

Entretanto, para a geografia, não apenas a percepção é relevante, como também a **cognição**, a qual constitui o fundamento dos estudos geográficos segundo a percepção da realidade construída individualmente e o objetivo que se quer alcançar. "Conhecer consiste em construir ou reconstruir o objeto do conhecimento, de maneira a apreender o mecanismo desta construção" (Oliveira, 2000, p. 10). Portanto, a cognição é um processo. Oliveira e Machado (2004, p. 133-134) afirmam que devem ser consideradas algumas fases na discussão epistemológica desse processo amplo, dinâmico e interativo:

> Em um primeiro momento a **percepção** é individual e seletiva, sujeita a seus valores, suas experiências prévias e suas memórias. Ao passo que, na etapa seguinte, o mapeamento está submetido aos filtros culturais, sociais e, ainda, individuais. O mapeamento mental está na dependência vivencial e experiencial que os indivíduos dispõem de acordo com a idade, o sexo e o grau de escolaridade, não deixando de lado o aspecto econômico. A mente humana atribui valores e forma de julgamentos, procurando definir as preferências, daí envolver coerência, complexidade, naturalidade, mistério e enclausuramento. A geração de conduta e consequente ação é que levam ao processo das informações recebidas, formando as representações e avaliando, de acordo com seus valores e expectativas. A ação propriamente dita é determinada pela atitude e expectativa, como produto da própria conduta. [grifo nosso]

A conduta humana é concebida por Piaget, citado por Oliveira (2000), como uma adaptação ou, ainda, uma contínua readaptação do indivíduo ao ambiente, traduzindo-se em trocas funcionais entre o homem e o meio exterior, contemplando mútua e dependentemente os aspectos cognitivo e afetivo, os quais, embora distintos, são inseparáveis.

A afetividade é a responsável pelos interesses e valores do indivíduo em relação ao meio; já a cognição diz respeito à estruturação da conduta. Portanto, a **adaptação** representa o equilíbrio entre as ações humanas sobre o ambiente e vice-versa. Ela constitui uma função intelectual, composta por dois processos: a **assimilação** e a **acomodação**. O primeiro sugere que o indivíduo impõe sua organização ao meio; no segundo, ao contrário, o meio restritivo age sobre o indivíduo.

2.2 Percepção do espaço nas aulas de campo

À medida que se processa o desenvolvimento mental, as informações recebidas pela percepção e pela imagem mental servem de subsídios às operações mentais, as quais, por conseguinte, influenciam direta ou indiretamente a percepção. A imagem, por sua vez, é o símbolo do objeto e pode ser formada como uma imitação interiorizada deste.

Assim, se na ciência geográfica, sob a ótica da percepção, a categoria de paisagem adquire relevância à medida que é percebida, na geografia escolar é a partir dessa percepção, subjetiva e significativa para o aluno, que o processo de aprendizagem será construído. Daí a importância das aulas de campo. O estudo do espaço e das paisagens pode ser realizado em sala de aula através do uso de imagens (fotografias, pintura etc.). No campo, porém, o ser humano, dotado de sentidos, capta as informações usando outros sensores além da visão: o aluno pode ver, cheirar, tocar, ouvir.

A formação da imagem do ambiente é um processo recíproco entre o observador e o objeto: "O organismo humano é altamente adaptável e flexível e grupos diferentes podem ter imagens essencialmente diferentes da mesma realidade exterior. [...] Cada grupo humano pode distinguir as partes da paisagem, pode aperceber-se delas e dar significado a pormenores significativos" (Lynch, 1997, p. 101).

Contudo, além da adaptabilidade e da flexibilidade da percepção humana, acrescentamos que a forma do mundo físico tem também sua função. Nesse sentido, a imagem clara do meio ambiente constitui-se em importante estrutura para o crescimento do indivíduo, desempenhando um papel social e proporcionando um sentido de segurança emocional e vital. Mas a qualidade da imagem varia individualmente, podendo um mesmo elemento ser vivo, envolver forma, textura, cor e ser considerado concreto para um observador ou bastante abstrato para outro.

No desenvolvimento do estudo da imagem, Lynch (1997), na década de 1960, estudou a imagem mental que os cidadãos possuem da cidade a partir de suas percepções, criando um método de investigação da qualidade desse ambiente visual sob uma ótica urbanista.

As análises baseadas nos estudos de Lynch apontam para as variadas maneiras como as pessoas organizam a cidade (as imagens se sobrepõem ou se inter-relacionam, podem se ordenar em escala ou, ainda, conforme o ponto de vista, a hora do dia ou a estação do ano). Comunicam também sobre aquilo de que os indivíduos mais dependem, de que mais gostam e com o que mais se identificam. Essa variação remete, obviamente, às diferenças pessoais, como cultura, temperamento, classe social, ocupações etc. Além disso, as pessoas também precisam atualizar a imagem que possuem em relação às mudanças na realidade que as cerca.

Das representações mentais dos caminhos percorridos pelas pessoas cotidianamente, podemos construir uma imagem da cidade. Também segundo Lynch (1997), há coincidências nas representações de pessoas de um mesmo grupo, imagens públicas que resultam de uma realidade física e de uma cultura comum e várias imagens mentais que contêm muitos traços socioculturais.

Lynch (1997) enfoca, ainda, a influência do aspecto da cidade na vida das pessoas e as possibilidades de melhorá-lo. Esse autor estrutura suas ideias em quatro pilares:

1. legibilidade;
2. construção da imagem;
3. estrutura e identidade;
4. imaginabilidade.

Esses quatro aspectos são aplicados nos estudos das cidades e, posteriormente, são discutidas as consequências dessas aplicações no *design* urbano. O homem precisa organizar seus pensamentos críticos com a finalidade de não somente se adaptar ao meio, mas comunicá-lo de maneira inteligente. As pessoas referem-se aos lugares, às vezes, com muita intimidade, outras vezes com certo descaso, sugerindo imagens pobres e vazias, fruto de um planejamento urbano inadequado.

O mesmo autor afirma que a poluição visual é o principal problema da questão da organização urbana. A cidade precisa ter um *design* consciente, comunicar com eficácia suas formas, seus lugares, enfim, os elementos que compõem sua paisagem. Também necessita ser bem organizada, representando uma estrutura forte para o equilíbrio e o bem-estar da sociedade, além de falar sobre seus moradores, suas aspirações e atitudes políticas. Naturalmente, o homem tende a adaptar-se ao meio simplesmente selecionando imagens que podem ser armazenadas por serem agradáveis aos olhos humanos, ou por representarem marcos para a localização, ou, ainda, por refletirem algo que provoque um sentimento. Para Lynch (1997, p. 53): "As pessoas adaptam o seu meio ambiente e constroem uma estrutura e identidade daquilo que se lhes depara".

No ensino, aquilo que o aluno observa, percebe e apreende no espaço geográfico por meio das aulas de campo terá influência em sua formação, contribuindo para uma visão crítica da sociedade e do espaço.

Cabe mencionarmos que há uma relação entre o mundo exterior e as imagens que formamos a partir dele. Lowenthal (1982) afirma que as visões particulares do mundo são únicas por dois motivos: primeiramente, porque cada indivíduo habita um meio ambiente diferente. Nas suas palavras: "a experiência não é somente única; mas significantemente, ela é também autocentralizada: sou parte do seu meio ambiente, mas não do meu próprio, e nunca me vejo como o mundo me vê" (Lowenthal, 1982, p. 124). Em segundo lugar, porque o indivíduo também faz escolhas e tem diferentes reações em relação ao meio, ou seja, "selecionamos ver alguns aspectos do mundo e evitamos outros" (Lowenthal, 1982, p. 124).

As visões do mundo, além de particulares, são avaliadas segundo a sociedade e a cultura dos indivíduos. Assim, cada pessoa direciona o mundo a sua maneira e contempla as paisagens com imagens individuais.

Oliveira (2000) reporta-se a um trabalho de Gibson da década de 1950, no qual este último estuda a existência de um campo visual e de um mundo visual. O primeiro constitui um espaço imediato em relação ao sujeito e se define como "uma cena que apresenta objetos familiares, agrupados em lugar e distância precisos" (Oliveira, 2000, p. 13), ou seja, o que predomina são os sentidos.

O segundo, o mundo visual, é percebido, tem caráter panorâmico e sua direção não é alterada ao ser observado. Os objetos que constituem o mundo visual são ricos em detalhes e clareza e ainda apresentam forma e profundidade. Existem dois processos de percepção no mundo visual: um ligado à percepção do mundo espacial, mais evidente, com suas formas e cores, e outro voltado à percepção do que é útil e possui significado, "o mundo dos objetos, lugares, sinais e símbolos escritos. É considerado um mundo mais familiar e, devido à dificuldade de se fixar à atenção em todos os seus elementos completos, sua percepção torna-se seletiva" (Oliveira, 2000, p. 14).

Precisamos considerar, entretanto, que a percepção do espaço geográfico fica submetida às variações individuais mencionadas anteriormente, ou seja, às particularidades das experiências, do mundo vivido etc. Portanto, na geografia escolar, a relevância atribuída ao meio natural ou cultural está relacionada à maneira pela qual o aluno percebe esses meios.

Nesse sentido, propiciar ao aluno a observação de belas paisagens, de ambientes poluídos ou, ainda, de paisagens degradadas é fundamental para o seu desenvolvimento cognitivo, afetivo e social, bem como de seu senso crítico.

2.3 Ensino e geografia: a construção do conhecimento

Como podemos operacionalizar a transposição do conhecimento científico para a disciplina escolar? O que norteia os caminhos a serem tomados?

Essas questões nos levam a tratar esse assunto. Afinal, como explorar o tema **didática** sem abordarmos, ainda que brevemente, as teorias pedagógicas?

Alertamos que não é nosso objetivo aprofundar esses paradigmas. Porém, enfatizamos a construção do conhecimento por esta representar uma possibilidade de diálogo entre o enfoque fenomenológico e a pedagogia, mais especificamente, no ensino de Geografia. O que nos interessa aqui é o encaminhamento dado ao processo de ensino-aprendizagem, cujos resultados refletem a ideologia/filosofia presente nos pressupostos teóricos.

Aliás, de acordo com Straforini (2004) uma das causas da crise pela qual passa o ensino de Geografia é a relação antagônica e desencontrada dos pressupostos teórico-metodológicos da educação com os da geografia.

Entre as teorias pedagógicas contemporâneas no Brasil, podemos citar a **progressista**, de Anísio Teixeira, a pedagogia **histórico-crítica**, de Paulo Freire, cujos principais representantes são Dermeval Saviani, José Carlos Libâneo, Guiomar de Mello, entre outros, e, ainda, a pedagogia **construtivista**.

Essas teorias, em geral, cada qual com suas características peculiares, ou seja, com linhas teórica e política específicas, muito contribuíram, e ainda o fazem, para os avanços no campo da educação brasileira.

A vertente histórico-crítica, por exemplo, tem influenciado políticas públicas da educação nacional e é tema de debates e encontros acadêmicos e escolares. Para Aranha (2006), essa pedagogia procura reverter a desorganização responsável por uma escola seletiva, ou seja, excludente e com altos índices de evasão, reprovação e analfabetismo.

Fundamentam-se na dialética marxista, em Makarenko e Gramsci, assim como na teoria progressista de George Snyders, em Bernard Charlot e Borgdan Suchodolski. Os teóricos da pedagogia histórico-crítica consideram que o aluno se apropria do saber elaborado socialmente. É tarefa do "pedagogo" separar o saber produzido e os conteúdos mais importantes que serão apropriados pelo aluno e "conforme o contexto econômico, social e político, esse 'saber burguês' precisa ser apropriado pela classe trabalhadora, que o colocará a serviço de seus interesses" (Aranha, 2006, p. 44). Portanto, a libertação da classe popular está no esforço em adquirir os conteúdos reservados à classe dominante.

Seguindo outro caminho, são considerados teóricos clássicos de uma abordagem construtivista e de suas variações Jean Piaget, Emilia Ferreiro, Lev Vygotsky, os russos Alexander Luria e Alexei Leontiev e o francês Gérard Vergnaud.

Os estudiosos da construção do conhecimento se baseiam em diversos campos da ciência. O objetivo deles é a compreensão do desenvolvimento cognitivo e do funcionamento da mente da criança.

Para tanto, apesar de esses teóricos terem realizado suas pesquisas em diferentes locais e épocas, estabelecem aspectos comuns entre seus estudos. No que diz respeito ao aspecto antropológico, tendo o homem uma experiência histórico-social determinante, a história é considerada a experiência da pessoa ou do grupo, uma vez que o homem se faz e se refaz por meio da interação social e de suas ações. Para Vygotsky, os fenômenos da linguagem e do pensamento são entendidos no processo sócio-histórico como "internalização das atividades socialmente enraizadas e historicamente desenvolvidas", em que há a interferência do outro na construção e na transformação dos conceitos.

Quanto ao aspecto epistemológico, o conhecimento é resultado de uma construção contínua, intercalada por invenção e descoberta. Portanto, para os construtivistas, "o conhecimento é construído: não é inato, nem apenas dado pelo objeto, mas antes se forma e se transforma pela interação entre ambos" (Aranha, 2006, p. 275). Desse modo, o construtivismo "realça a capacidade adaptativa da inteligência e da afetividade, dando condições para que o processo de amadurecimento não seja ilusório, o que acontece quando resulta de pressões externas sem a 'gestação' por parte do sujeito" (Aranha, 2006, p. 276).

A criança organiza e reorganiza o pensamento e a afetividade em estágios sucessivos (com níveis de complexidade crescente), desenvolvidos para a construção do conhecimento. As estruturas de pensamento não são impostas, acontecem de dentro para fora. Assim, ela conhece o mundo não pelo o que ele aparenta ser, mas pela forma como o vê, como o percebe.

No processo de aprendizagem, a criança é a figura central, pois ela tem a capacidade de construir, desconstruir e reconstruir o conhecimento permanentemente. É um ser ativo, que tem iniciativa, que age sobre o meio e está sempre refletindo sobre si e a respeito de suas ações. Nesse processo, não existe um saber pronto, concluso; o conhecimento está sempre em transformação, pois não há uma verdade absoluta e nunca se chegará a tal.

Vergnaud, conforme Aranha (2006), avança nos estudos epistemológicos dessa teoria incluindo no processo de aprendizagem o fenômeno grupal. Ele destaca a interação com o outro nesse processo, e não somente o desenvolvimento mental da criança – inteligência e afetividade. Insere o aluno num contexto histórico e cultural, pois este necessita da realidade concreta para progredir.

O construtivismo, juntamente com outras tendências, trouxe contribuições para a educação, influenciando a elaboração dos Parâmetros Curriculares Nacionais (PCN),

> no sentido de recomendar que a formação do aluno não se reduza à acumulação de conhecimentos, objetivo comum da pedagogia tradicional. Mas também advertem sobre os enganos da assimilação inadequada do construtivismo, quando o professor descuida dos conteúdos, já que o compromisso da instituição é "garantir o acesso aos saberes elaborados socialmente" e que devem "estar em consonância com as questões sociais que marcam cada momento histórico". (Aranha, 2006, p. 345)

Além de advertir sobre a acumulação de conhecimentos, nos PCN há diversas referências de construtivistas para o trato dos temas transversais.

A partir do construtivismo, Moraes (1997) faz um estudo sobre uma tendência emergente para a educação, na qual enfatiza o paradigma

construtivista, **interacionista**, **sociocultural** e **transcendente**. De acordo com a autora, para o paradigma emergente, tudo está em movimento, tudo se interliga e é interdependente, sendo o processo mais importante que os resultados. Além disso, o ser cognitivo reconhece que o que observa não é um mundo que existe objetivamente, mas é criado no processo de construção do conhecimento:

> *é um mundo gerado no pensamento que depende da maneira como olhamos, observamos, apreendemos e construímos a realidade. Isso porque a subjetividade no processo de observação está intimamente ligada à interligação de tudo, e o que chamamos de objeto depende da maneira como o delineamos, como o separamos do restante da rede, pois o mundo, a partir da física quântica, é uma rede de relações, interações e interdependências. Com base nessa forma de conceber a realidade, podemos também dizer que criamos o nosso mundo baseados em nossa construção, nas experiências que organizamos. Assim, cada indivíduo organiza sua própria experiência de aprendizagem e o faz de modo diferente. Há uma imanência em todo o conhecimento que é sempre o conhecimento do objeto com base no que ocorre dentro do sujeito e na interação entre ambos.* (Moraes, 1997, p. 199)

A autora acrescenta o **interacionismo** ao paradigma emergente, pois entende que o sujeito e o objeto são organismos vivos, abertos, dinâmicos e que suas estruturas específicas são interdependentes e interagem entre si. No mundo fenomenal, o todo está envolvido em cada uma das partes. É um mundo multidimensional, no qual a interação entre organismo e meio forma um sistema indissociável. Assim, o conhecimento não ocorre antecipadamente à ação do sujeito, mas, como o desenvolvimento é um processo ativo, o sujeito aprende porque a sua ação é contínua.

Nesse sentido, no viés construtivista-interacionista a aprendizagem acontece porque o aluno age sobre os conteúdos, organiza e constrói suas estruturas; são produzidas modificações tanto no objeto como também no aluno.

Entretanto, para a autora, esse paradigma é também **sociocultural**, uma vez que o conhecimento é construído a partir da interação com o mundo físico e social. Assim, no trabalho em grupo, as relações entre os alunos também sofrem modificações. Equipes formadas espontaneamente contribuem para o desenvolvimento intelectual do aluno, por meio do ato de compartilhar ideias, informações, responsabilidades, decisões, numa atmosfera de cooperação:

> *os elementos do grupo colaboram para o desenvolvimento de um certo controle lógico do pensamento individual, além de ser fonte de desequilíbrios, contradições e desorganizações provocadas por diferentes formas de fazer a leitura do mundo, podendo colaborar para o aumento da motivação intrínseca do aluno. [...] é uma proposta que vai além daquele que aprende e de como se aprende, que envolve as interações com os outros, porque o fenômeno educativo inclui a dimensão social, a do outro, a dimensão dialógica na própria construção do pensamento. Para Freire (1980), não haveria pensamento sem diálogo nem a possibilidade de conhecimento do mundo, da natureza, do social sem uma relação dialógica com os outros, incluindo as contradições e os conflitos que os outros nos impõem, ao compreender o mundo de forma diferente, ao contrapor outras orientações.* (Moraes, 1997, p. 202-203)

Nesse sentido, podemos considerar que, na aprendizagem, não há o conhecimento construído individualmente sem a inclusão da esfera social. No mínimo, a interferência do professor abrange aspectos socioculturais quando da seleção dos conteúdos.

No paradigma emergente há ainda o elemento **transcendência**, que implica superação e transposição. Desse modo, para a autora, o paradigma construtivista, interacionista, sociocultural e transcendente busca desenvolver a capacidade da autoconstrução, da autoconsciência, considerando a compreensão de sua natureza humana e espiritual em construção e a interação com o outro e com o meio. A natureza, da qual o homem é parte integrante, é um todo interligado, uma realidade única, cuja beleza e grandeza podem ser experimentadas em diferentes níveis.

Síntese

~ A cognição é um processo dinâmico que perpassa quatro fases: percepção, mapeamento, conduta e ação.
~ A formação da imagem ambiental é um processo mútuo que envolve observador e objeto. Assim, a imagem clara do meio ambiente constitui-se importante estrutura para o crescimento do indivíduo, desempenhando papel social e proporcionando sentido de segurança emocional.
~ No paradigma construtivista, interacionista, sociocultural e transcendente tudo está em movimento, interligado e interdependente, sendo o processo mais importante que os resultados. Busca-se o desenvolvimento da autoconstrução e da autoconsciência.

Atividades de autoavaliação

1. Considere o processo de cognição na corrente da percepção e avalie se as afirmações a seguir são verdadeiras (V) ou falsas (F). Em seguida, em seu caderno, justifique a(s) incorreta(s):
   ( ) Como uma das fases do processo cognitivo, a percepção depende, também, das experiências do observador.
   ( ) A percepção de um mesmo objeto pode ser muito clara para um grupo social e extremamente obscura para outro.

( ) Diferentemente da percepção, o mapeamento é objetivo e não difere individualmente.

( ) A percepção é um atributo de nossa mente, que permite o contato com fenômenos da realidade por meio dos sentidos.

2. Ainda sobre os aspectos cognitivos, julgue se as afirmações a seguir são verdadeiras (V) ou falsas (F), fundamentando sua resposta em seu caderno:

( ) A apreensão dos conhecimentos perpassa a percepção da realidade.

( ) Os valores, as atitudes e as apreciações do meio estão associados apenas à cognição.

( ) A cognição, assim como a afetividade, abrange habilidades mentais, conhecimentos e princípios.

( ) O mundo visual revela-se pela percepção. Já a visão de mundo implica um processo cognitivo e, apesar de ser particular, recebe influências do meio social.

3. No que diz respeito à importância das aulas de campo para a aprendizagem com base na percepção, leia as afirmações a seguir, assinale a alternativa correta e, em seu caderno, justifique sua resposta.

I. A maneira como as imagens urbanas estão organizadas não exerce influência sobre o equilíbrio e o conforto da sociedade.

II. As aulas de campo contribuem para a construção do conhecimento, pois perceber o espaço, o lugar, a paisagem, apesar da subjetividade, é um exercício real e concreto.

III. O que o aluno percebe e apreende no espaço urbano trará contribuições para ele desenvolver uma leitura crítica do espaço.

a) Somente a I e a II estão corretas.
b) Somente a I e a III estão corretas.
c) Somente a II e a III estão corretas.
d) Todas estão corretas.

4. Qual dessas afirmações corresponde a uma abordagem construtivista? Por quê?
   a) O conhecimento é congênito.
   b) O conhecimento é propiciado pelo objeto.
   c) As estruturas de pensamento ocorrem de fora para dentro.
   d) O pensamento e a afetividade são arranjados continuamente em ordem crescente de complexidade.

5. Considerando o aluno no processo de construção do conhecimento, leia as afirmativas a seguir, marque a alternativa correta e justifique sua resposta, em seu caderno,:
   I. O conhecimento não é intrínseco e a influência mútua com o objeto é condição necessária para que ele ocorra.
   II. O aluno constrói o conhecimento a partir da interação com mundo.
   III. É um ser social e passivo.
   a) Somente a I e a II estão corretas.
   b) Somente a I e a III estão corretas.
   c) Somente a II e a III estão corretas.
   d) Todas estão corretas.

Atividades de aprendizagem

Questões para reflexão

1. Relacione geograficidade e o método de alfabetização desenvolvido por Freire (1996).
2. De que forma a corrente da percepção na geografia procura superar as insuficiências da geografia tradicional?

Atividade aplicada: prática

1. Faça uma pesquisa sobre a psicologia genética, especificamente sobre o desenvolvimento das estruturas cognitivas em crianças e adolescentes. Relacione o resultado de sua pesquisa com os itens a seguir:
   ~ uma faixa etária;
   ~ a habilidade cognitiva;
   ~ um conteúdo geográfico.

Capítulo 3

Consideremos um professor experiente. Pedimos a você que reflita sobre a seguinte pergunta: As aulas desse docente, com ou sem planejamento, produzem o mesmo efeito no processo de ensino-aprendizagem? Por quê?

Agora, se você é um professor que atua em sala de aula, perguntamos: Você planeja suas aulas sistematicamente?

Reflexões para a prática docente: o planejamento

Se suas atividades de ensino são planejadas, convidamos você a acompanhar nossas considerações iniciais para que estas, despretensiosamente, sejam fonte inspiradora para autocríticas positivas. Caso você não faça esse tipo de planejamento, com as reflexões e os exercícios contidos neste capítulo propomos que adote tal procedimento. A partir de sua própria prática, você sentirá uma profunda mudança no cotidiano escolar.

Da mesma forma, estendemos esse convite ao leitor que não atua como professor, pois assim poderá tirar suas conclusões e adaptá-las a outros campos de atuação.

3.1 O planejamento como instrumento de ações no sistema escolar

Que educador nunca entrou em uma sala de aula sem ter feito um planejamento? O fato de pensarmos previamente sobre o encaminhamento da aula, ainda que as ideias não sejam registradas no papel, configura um planejamento?

Para construirmos uma reflexão mais elaborada sobre essa questão, vamos considerar o conceito de planejamento escolar estabelecido por Libâneo (1994, p. 221):

> *O planejamento escolar é uma tarefa docente que inclui tanto a previsão das atividades didáticas em termos de organização e coordenação em face dos objetivos propostos, quanto a sua revisão e adequação no decorrer do processo de ensino. O planejamento é um meio para se programar as ações docentes, mas é também um momento de pesquisa e reflexão intimamente ligado à avaliação.*

Para o autor, o planejamento é constituído por elementos básicos – objetivos, conteúdos e métodos – que estão repletos de implicações sociais e, por isso, têm significado essencialmente político. Assim, o planejamento requer reflexão diante das decisões e das atitudes docentes, como forma de autonomia de seu trabalho.

Coaracy, citado por Turra et al. (1995, p. 14), faz referência ao termo *planejamento educacional* e o define como um

> *processo contínuo que se preocupa com o "para onde ir" e "quais as maneiras adequadas para se chegar lá", tendo em vista a situação presente*

e as possibilidades futuras, para que o desenvolvimento da educação atenda tanto as necessidades do desenvolvimento das sociedades, quanto as do indivíduo.

O planejamento, portanto, é um instrumento primordial, uma vez que norteará todo o trabalho do sistema escolar, incluindo-se aí a formação de uma sociedade com indivíduos que pensem criticamente.

Cabe aqui destacarmos a consideração de Vesentini (2007, p. 16) a respeito da educação* e do ensino serem, simultaneamente, instrumentos de dominação e de libertação:

> *a escola não é apenas uma instituição indispensável para a reprodução do sistema. Ela é também um instrumento de libertação. Ela contribui – em maior ou menor escala, dependendo de suas especificidades – para aprimorar ou expandir a cidadania, para desenvolver o raciocínio, a criatividade e o pensamento crítico das pessoas, sem os quais não se constrói qualquer projeto de libertação individual ou coletivo.*

Dessa forma, se a escola não realizar um trabalho "autônomo", no sentido de enfatizar situações concretas relacionadas aos indivíduos que a compõem – alunos, educadores e comunidade –, certamente estará a serviço dos interesses de um grupo social dominante que não o escolar.

Nesse sentido, para se buscar a realização de um trabalho autônomo, o planejamento se define como um instrumento estratégico, uma ferramenta de articulação, sobretudo política, entre a teoria e a prática. Porém, está associado a funções específicas, entre elas, estabelecer diretrizes e procedimentos do trabalho docente; explicitar o viés filosófico,

---

* O autor entende que a educação abrange: a) os meios de aprendizagem – família, mídia, lições dos mais experientes, troca de ideias, entre outros; b) o ensino e o sistema escolar.

político e pedagógico que fundamenta as atividades da escola; prever objetivos, conteúdos e métodos pautados na realidade sociocultural dos alunos; atualizar o conteúdo do plano diante dos avanços científicos e das novas experiências do cotidiano (Libâneo, 1994).

Contudo, de nada adianta planejar se o que foi estabelecido não se transformar em ações. E, para viabilizar a práxis de qualquer tipo de planejamento, este precisa ser considerado uma orientação a ser seguida por todos os membros da escola, tendo, entretanto, flexibilidade perante situações imprevistas, clareza e objetividade e, também, ser revisto e atualizado periodicamente. Assim, no processo de ensino, planejamento e prática necessitam estar articulados entre si, pois o educador, ao vivenciar novas e diferentes situações em seu cotidiano, repensa suas ações e, consequentemente, revê o seu planejamento.

No sistema escolar há, basicamente, três níveis de planejamento que se inter-relacionam: o plano da escola, o plano de ensino e o plano de aula.

> *O plano da escola é um documento mais global; expressa orientações gerais que sintetizam, de um lado, as ligações da escola com o sistema escolar mais amplo e, de outro, as ligações do projeto pedagógico da escola com os planos de ensino propriamente ditos. O plano de ensino (ou plano de unidades) é a previsão dos objetivos e tarefas do trabalho docente para um ano ou semestre; é um documento mais elaborado, dividido por unidades sequenciais, no qual aparecem objetivos específicos, conteúdos e desenvolvimento metodológico. O plano de aula é a previsão de desenvolvimento do conteúdo para uma aula ou conjunto de aulas e tem um caráter bastante específico.* (Libâneo, 1994, p. 225)

O planejamento do sistema escolar é proposto de forma que os planos da escola, de ensino e de aula estejam inter-relacionados, o que, teoricamente, assegura uma mesma linha filosófica (explicita os objetivos da escola), psicológica (indica a fase de desenvolvimento do aluno, suas possibilidades e interesses), social (expressa as características do contexto socioeconômico e cultural do aluno e suas exigências) e política ao corpo docente e demais educadores (Turra et al., 1995, p. 21).

Assim, sem deixar de atribuir a devida importância ao planejamento escolar e com o objetivo de formar uma ideia mais aprofundada para o questionamento do início desta seção, interessa-nos, particularmente, o plano de ensino e, em especial, o plano de aula.

3.1.1 Plano de ensino e plano de aula

O **plano de ensino** geralmente é organizado por série, elaborado pelo professor da disciplina e precisa atender aos pressupostos do planejamento escolar. É um espaço apropriado para o registro, de forma mais ampla, das características da disciplina, no que diz respeito à sua contribuição intelectual, social, ambiental, política, cultural e afetiva para o desenvolvimento do aluno.

Seus objetivos são: "racionalizar as atividades educativas; assegurar um ensino efetivo e econômico; conduzir os alunos ao alcance dos objetivos; verificar a marcha do processo educativo" (Turra et al., 1995, p. 19-20). Quanto à estrutura, o plano de ensino pode ser organizado conforme o exposto no modelo apresentado a seguir.

Quadro 1 – Plano de ensino

Plano de ensino de Geografia			
Professor:	Série:	N° de aulas por ano:	Ano:
Ementa É a síntese dos pontos essenciais a serem ensinados na disciplina.			
Justificativa É o porquê de se ensinar Geografia. Estabelece como o processo de ensino--aprendizagem contribuirá para o desenvolvimento das capacidades cognoscitivas do aluno. É um campo importante, pois norteia o plano de ensino.			

(continua)

(*Quadro 1 – conclusão*)

Objetivo geral		
É o para quê ensinar Geografia. Necessita ter clareza, precisão e a possibilidade de ser atingido.		
Objetivos específicos	**Conteúdos**	**Metodologia**
São estabelecidos a partir dos conteúdos selecionados, mas precisam incluir também aspectos do campo afetivo – atitudes, valores, interesses. Podem ser considerados como etapas do processo de ensino-aprendizagem para se atingir o objetivo geral.	É o conjunto de temas que se inter-relacionam e que serão trabalhados na série específica.	Corresponde ao "como ensinar"; abrange os recursos pedagógicos e as estratégias de ensino adotadas pelo professor para que os conteúdos sejam assimilados e haja construção do conhecimento pelos alunos.
Atividades		
Incluir aqui atividades fora da sala de aula, por exemplo: - aulas de campo, visitas a museus, feiras, exposições etc. - outros eventos culturais, científicos e tecnológicos de interesse geográfico que ocorrerão na cidade e/ou na região ao longo do ano. Indicar previsão de data para a atividade. Verificar se a aula é viável, considerando a realidade dos alunos e da escola, o apoio da coordenação pedagógica, custos, transporte, tempo da atividade desde a saída até o retorno.		
Referências		
Livros didáticos e paradidáticos e outras fontes utilizadas.		

Fonte: Adaptado de Libâneo, 1994.

Já o **plano de aula** é um instrumento bem mais específico. Vai desdobrar os conteúdos propostos no plano de ensino e organizar de forma sistematizada o alcance dos objetivos.

O plano de aula pode ser estruturado conforme o modelo representado na sequência.

Quadro 2 – Plano de aula

Plano de aula		
Disciplina: Geografia Professor: _____		
Turma:	Nº de aulas (para trabalhar o conteúdo)	Data:
Tema: (temática em torno da qual será realizada a aula)		
Conteúdos: (listar os conteúdos a serem ensinados)		
Objetivos: (o que se quer ensinar; precisa ser claro e atingível)		
Encaminhamento: expressar, detalhadamente, como ocorrerá a aula. Pode conter: a) problematização inicial; b) introdução ao conteúdo; c) abordagens utilizadas no decorrer da aula: analogias, questionamentos, hipóteses e desafios; d) atividades propostas; e) recursos didáticos a serem utilizados.		
Material: (listar o material necessário)		
Avaliação: (sobre este item, consultar o capítulo 6)		
Referências: (livros didáticos e paradidáticos, *sites* e outras fontes utilizadas)		
Observações: (espaço reservado para informações adicionais)		

A preparação de aulas é uma atividade na qual o professor precisa estar constantemente se redirecionando. Precisa retomar, sempre que necessário, o plano de ensino e, até mesmo, (re)planejá-lo, principalmente no que diz respeito aos objetivos da disciplina e seus conteúdos, a fim de que a sua prática esteja em consonância com a proposta desta. Além disso, para a organização de uma aula, é necessário pensar na disponibilidade de tempo e de recursos; numa possível experiência cotidiana dos alunos relacionada à temática, ou seja, no conhecimento prévio que eles possuem sobre o conteúdo a ser explorado; em quem são esses alunos (idade, nível cognoscitivo, saber um pouco sobre sua cultura etc.), para, então, refletir sobre o encaminhamento e a avaliação.

Ao pensar sobre o aluno, são necessários os seguintes questionamentos: Quem é o aluno? Qual é a sua realidade?

Na perspectiva teórica da percepção e da construção do conhecimento, o aluno é um ser que percebe, imagina, experiencia, julga, ama, odeia, emociona-se, descobre-se, enfim, é o criador de sua própria essência e possui relações afetivas com o espaço geográfico em nível de significados. Entendemos que sua realidade é o seu mundo vivido, repleto de experiências e subjetividade, construído em espaços do cotidiano, em lugares idiossincráticos. Na realidade do aluno, há um sistema de relações estabelecido conforme os seus interesses.

De acordo com Moraes (1997, p. 138), o aluno

> *é singular em sua morfologia, em sua anatomia, em sua fisiologia, em seu temperamento, em seu comportamento, em suas inteligências. Todos esses aspectos são dimensões de uma individualidade viva, de um sistema aberto e que existe no mundo fenomênico. É um ser de qualidade, um ser de existência, que busca sua autonomia de ser e existir. Um ser inconcluso, inacabado, em permanente estado de busca, que necessita se educar permanentemente. Um sujeito de "práxis", como afirma Freire (1983), de ação e reflexão sobre o seu mundo. Alguém que é sujeito e não objeto, que constrói o conhecimento na sua interação com o mundo, com os outros, que organiza sua própria experiência e aprende de um jeito que lhe é original e específico [...].*

No trecho, Freire, citado por Moraes (1997), considera o aluno um ser que conhece e é sujeito de sua realidade, de seu mundo, ou seja, o aluno precisa ter uma visão crítica acerca do mundo vivido. Nesse sentido, Aranha (2006) argumenta que cabe ao educador contribuir para o despertar desse sujeito implícito no aluno, a fim de que este assuma sua liberdade, resistindo às forças da cultura de alienação que o desumanizam e o conduzem a uma vida inautêntica.

O processo de aprendizagem, então, tende a ocorrer a partir do interesse e do entusiasmo do aluno pelo conteúdo, pois este, passando de objeto a sujeito do processo, é despertado para conteúdos que são oriundos de sua realidade, os quais estavam latentes e que agora podem ser explicitados ou desenvolvidos, pois as circunstâncias de ensino-aprendizagem se manifestam propícias para tal.

Essa mudança no papel do aluno altera o nível de significado do conteúdo a ser aprendido, tornando-o vivo. Altera, portanto, a relação ensino-aprendizagem, fazendo com que o aluno se identifique com o conteúdo que lhe é proposto. No que se refere à maneira como o professor propõe esse conteúdo, ou seja, à forma como conduz sua aula e as possibilidades de abordagens para a construção do conhecimento, Vasconcellos (2002, p. 105), numa perspectiva dialética, assevera que,

> *na relação pedagógica, a atividade primeira, comumente, é a do professor, não na perspectiva de ficar nele, mas de provocar, de propiciar a atividade do aluno. A ação do professor é transitiva, não reflexa (não se volta sobre si mesma). Deve preparar o campo para a ação de análise do educando, bem como interagir com ele para desencadear sua ação (tentar "garantir" a ação significativa do sujeito). O professor, nesta nova postura, compreende que não é ele que "deposita" o conhecimento na cabeça do educando. Por outro lado, sabe também que não é deixando o educando sozinho que o conhecimento "brotará" de forma espontânea. Quem constrói é o sujeito, mas a partir da relação social, mediada pela realidade.*

Para o autor, o professor deve **provocar** situações sobre as quais o aluno reflita, bem como se interesse por elas; **dispor** de objetos, elementos novos e situações; **oferecer** subsídios para a elaboração de respostas; **interagir** com o aluno acompanhando e (re)alimentando o processo de construção com contradições. É importante retirar do conteúdo situações-problema que originaram o conceito: Quais os problemas que estavam colocados?, Quais as perguntas que estão por detrás desses conteúdos? Esses questionamentos funcionam como um estímulo à construção do conhecimento.

3.2 A problematização do conteúdo como estratégia de ensino

O professor pode tornar o conteúdo interessante para o aluno, criando um elo entre o fenômeno (conteúdo) a ser ensinado e a realidade do educando, fazendo com que tal fenômeno se torne um caso, o qual o aluno precisa ajudar a resolver, chamando-o, dessa forma, à responsabilidade para o que ocorre com e no planeta.

Reportando-se aos primeiros capítulos, hoje a geografia não estuda a "Terra" sob uma perspectiva tradicional, mas o espaço geográfico, entendendo-o como um espaço de inter-relações homem-ambiente. Dessa forma, o espaço geográfico ganha dimensões que podem ir além do nosso planeta; onde o homem estiver, o espaço geográfico irá se constituir. Há, nesse sentido, uma importante relação interescalar: a geografia trabalha com o local, o regional, o nacional e o global, e todos esses níveis estão relacionados entre si. E sob o olhar da percepção em geografia, em todos eles é possível construir um laço de afetividade, como vimos no primeiro capítulo. Na educação básica, o aluno precisa sentir que pode fazer algo para melhorar o seu cotidiano, o seu país, o seu planeta.

Diante disso, ressaltamos a estratégia de se problematizar a aula, a fim de dar significado a um conteúdo que, do ponto de vista do aluno, aparentemente, nada lhe diria. De acordo com Turra et al. (1995), a técnica de solução de problemas estimula o pensamento reflexivo. Segundo essas autoras, com base em estudiosos do assunto, existem etapas essenciais a serem seguidas para o uso dessa técnica, como mostra o quadro a seguir.

Quadro 3 – Etapas para a problematização de conteúdos

Passo I – introdução ao problema	a) formulação do problema; b) definição do problema – ideia exata deste: - obter uma visão prévia dos dados relacionados; - considerar experiências vividas, além de questionar toda a situação.
Passo II – trabalhar o problema	a) lembrar fatos conhecidos, princípios ou relações apropriados ao problema; b) levantar hipóteses para a solução do problema e determinar os procedimentos a seguir; c) reunir dados por meio de leituras, da observação, de fotografias, de mapas, de exemplos etc.; d) avaliar criticamente os dados e verificar se são adequados às soluções propostas; e) formular conclusões.
Passo III – final	a) comprovação ou verificação dos resultados; b) aplicação ou resumo das conclusões.

Fonte: Adaptado de Turra et al., 1995, p. 137-138.

As autoras advertem que, ao adaptar o problema às necessidades do aluno, o professor precisa considerar, pelo menos, a capacidade, as experiências anteriores e os interesses pessoais daquele. E, sendo a solução de problemas uma experiência comum do cotidiano, quanto mais próximo das situações reais da vida forem os problemas apresentados, mais conhecimento o aluno terá para solucioná-los satisfatoriamente.

Utilizando-se da percepção em geografia, a problematização dos conteúdos pode partir de peculiaridades locais. Para qualquer conteúdo geográfico, pode-se extrair uma problematização na qual estejam associados o cotidiano e o espaço vivido do aluno. Ora, os lugares são também territórios, e aqui há um "gancho" para os temas que envolvem relações de poder locais, assim como para os da geopolítica global.

Os lugares são, ainda, espaços concebidos, nos quais estão implícitos os hábitos e o modo de vida da coletividade e onde estão presentes objetos de consumo produzidos em diferentes partes do mundo. São também paisagens em eterna transformação: locais que agora são cidades com todas as suas implicações sociais e ambientais, antes foram paisagens naturais, e em todos os lugares habitados existe um rio próximo e há (ou havia) uma vegetação nativa. Todos os lugares expressam a cultura dos sujeitos que ali vivem, e esta, muitas vezes, está enraizada em outros lugares distantes.

Assim, qualquer que seja o conteúdo ou espaço geográfico a ser estudado, por mais remoto que pareça ao imaginário do aluno, há relações muito concretas que podem ser estabelecidas. Ainda mais nesse mundo globalizante, onde temos acesso a todo tipo de informação.

3.3 Refletindo sobre o conteúdo: critérios para a seleção

Partindo de quais considerações o professor de Geografia da educação básica tem escolhido os conteúdos a serem ensinados? Que aspectos estão implícitos na opção por um ou por outro assunto? Que análise é feita acerca da contextualização dos conteúdos e quais seriam os conteúdos mais adequados para serem ensinados a certa comunidade residente em determinados lugar e época? Os documentos oficiais, como as Diretrizes Curriculares (nacionais e/ou estaduais) e os PCN, são consultados?

Sobre os PCN, referenciamos a crítica feita por Fantin e Tauschek (2005, p. 55-56) ao falarem sobre proposta curricular na escola:

> *somos levados a pensar sobre elementos como os Parâmetros Curriculares Nacionais, organizados verticalmente pelo MEC e apresentados ao profissional da educação básica como documento oficial, para que ele apenas aceitasse e incorporasse em sua prática pedagógica. Esse documento apresenta-se em um discurso moderno, mas mantém a antiga forma curricular, principalmente no que se refere à maneira como é feito, ou seja, pensado por "especialistas", restando aos professores (de todo o território brasileiro) apenas aplicá-lo. Para Kramer [1997, p. 21], uma proposta pedagógica é um caminho, não é um lugar. Toda proposta pedagógica é construída no caminho, no caminhar. Toda proposta pedagógica tem uma história que precisa ser contada. Toda proposta pedagógica tem uma aposta e mais: [...] Uma aposta porque, sendo parte de uma dada política pública, contém um projeto político de sociedade e um conceito de cidadania, de educação e de cultura.*

O fato é que, na elaboração do planejamento de ensino, grande parte dos professores – também de outras disciplinas – toma como base apenas o sumário do livro didático para preencher o campo **conteúdos**, desconsiderando outras referências. Essa ação é tanto uma questão de praticidade como de direcionamento. Não é nosso objetivo justificá-la, mas consideramos um importante fator que a permeia, o qual reside na valorização atribuída ao planejamento. O que geralmente se tem visto são instituições de ensino reservando em seus calendários escolares um tempo muito curto para o planejamento, o que torna impraticável considerar todas as ideias imbricadas para a seleção dos conteúdos.

Mas, afinal, o que tem de errado em estabelecer como parâmetro para a seleção dos conteúdos o sumário do livro didático, se o professor se preocupou criteriosamente em adotar um livro de boa qualidade? Além do mais, para a produção do livro, os PCN e outras fontes "norteadoras" dos conteúdos são consultadas.

Salvo casos especiais, os livros didáticos não dão conta de abranger especificidades locais ou regionais imprescindíveis à formação do aluno. Esta é uma importante intervenção atribuída ao professor no processo de ensino-aprendizagem: garantir que o aluno tenha acesso a conteúdos adequados à sua realidade, que tratem do seu mundo vivido, isto é, do município em que ele reside, do bairro no qual estuda e trabalha, do lugar em que brinca, em que convive. Nesse processo, é fundamental perguntar-se: Qual é a geografia que devo ensinar para esse aluno? Quais conteúdos e conceitos podem influenciá-lo de maneira a melhorar o espaço/lugar onde vive e a si mesmo? Que conteúdos devo priorizar e como encaminhar o estudo das relações local e global?

Nesse sentido, valemo-nos de uma afirmação de Freire (1996, p. 30), ao asseverar que ensinar exige respeito aos saberes dos educandos:

> *por que não aproveitar a experiência que têm os alunos de viver em áreas da cidade descuidadas pelo poder público para discutir, por exemplo, a poluição dos riachos e dos córregos e os baixos níveis de bem-estar das populações, os lixões e os riscos que oferecem à saúde das gentes. Por que não há lixões no coração dos bairros ricos e mesmo puramente remediados dos centros urbanos? [...] Por que não discutir com os alunos a realidade concreta a que se deva associar a disciplina cujo conteúdo se ensina, a realidade agressiva em que a violência é constante e a convivência das pessoas é muito maior com a morte do que com a vida?*

Assim, dadas as diversidades culturais, econômicas e sociais de nosso país, cada região, cada lugar, cada território (não apenas no sentido de escala, mas conceitualmente) traz uma situação específica, que reflete a organização do espaço geográfico. Em vista disso, o professor pode e precisa criar a sua prática e relacionar os conteúdos apresentados àqueles condizentes com a realidade dos alunos, bem como com o lugar de seu exercício. Mas precisa, antes, refletir sobre o que quer ensinar, discernindo quais conteúdos são prioritários e adequados.

Conforme Straforini (2004), sendo a realidade o ponto de partida e dada a impossibilidade de se trabalhar a sua totalidade, precisamos descobrir nela situações geográficas e extrair destas o que realmente é significativo como conteúdo geográfico. No estudo do lugar como ponto de partida, ele é entendido como o ponto de encontro entre lógicas locais e globais, ou seja, próximas e distantes, concretas e abstratas. Sendo assim, as questões cotidianas, as quais ocorrem no lugar, estão intimamente atreladas ao conhecimento geográfico.

Dessa forma, segundo Cavalcanti (1998, p. 9), "a seleção e organização de conteúdos implicam ingredientes não apenas lógico-formais, como também pedagógicos, epistemológicos, psicocognitivos, didáticos, tendo em vista a formação da personalidade dos alunos."

A par disso, você conseguiria elencar critérios apropriados para selecionar os conteúdos?

Turra et al. (1995) afirmam que, para realizar essa atividade, o professor precisa estar atento aos conteúdos, observando quais os mais significativos, mais interessantes para os alunos e adequados à maturidade deles, mais úteis para as resoluções e mais apropriados ao tempo e recursos disponíveis. Consideram cinco critérios básicos para o desempenho dessa tarefa, os quais estão dispostos no quadro a seguir.

Quadro 4 – Critérios para a seleção de conteúdos

Validade	Os conteúdos devem ser representativos e a estrutura que os caracteriza precisa refletir a utilização da geografia. Necessitam ser atualizados, tendo em vista a dinamicidade do conhecimento geográfico, e estar vinculados aos objetivos do planejamento.
Flexibilidade	Diz respeito às possíveis alterações de conteúdos já selecionados para amenizar dificuldades e imprevistos. A escolha necessita ser feita de tal modo que possibilite ao professor fazer modificações, adaptações, renovações ou enriquecimentos.
Significação	Relaciona-se ao campo experiencial do aluno. Um conteúdo terá significação quando, além de despertar o interesse do aluno, leva-o a aprofundar-se no conhecimento por iniciativa própria. A significação está sempre vinculada à realidade do aluno e favorece grandemente a assimilação mais rápida e rica dos estudos.
Possibilidade de elaboração pessoal	Refere-se à recepção, à assimilação e à transformação da informação pelo próprio aluno. Implica o manejo intelectual que os estudantes necessitam fazer do conteúdo aprendido, a fim de favorecer as experiências pessoais. Situações como associar, comparar, compreender, selecionar, organizar, criticar e avaliar ideias precisam ser oportunizadas ao aluno.
Utilidade	É o uso posterior do conhecimento em situações novas. Estará presente quando conseguirmos harmonizar os conteúdos selecionados para estudo com as exigências e as características do meio em que vivem nossos alunos. Assim, utilizando os conteúdos, eles passam a ter maior segurança na tomada de decisões ajustadas à satisfação de suas necessidades e expectativas.

Fonte: Adaptado de Turra et al., 1995, p. 111-112.

Para a seleção dos conteúdos, além desses critérios, as referidas autoras mencionam que necessita ser considerada a estrutura da disciplina:

por favorecerem assimilação mais consistente, em termos informativos, parecem-nos válidas quatro justificativas, de ordem geral, sobre este assunto. São as seguintes: a abrangência de ideias fundamentais torna a disciplina mais compreensível; a colocação da informação dentro de um referencial significativo torna o conteúdo menos sujeito ao esquecimento; a sistematização das ideias essenciais favorece a adequada transferência de aprendizagem; o relacionamento dos conhecimentos anteriores com as novas aquisições diminui a distância entre o conhecimento avançado e o conhecimento elementar. [...] Como vemos, a apreensão da estrutura de uma disciplina possibilita, entre outros aspectos: a visão globalizada da mesma; o acesso às ideias mais importantes de tal campo do conhecimento; a rigorosa sistematização na apresentação das ideias principais; a fácil atualização dos conhecimentos; a aplicação da aprendizagem em outros campos correlatos.
(Turra et al., 1995, p. 108)

Do mesmo modo, para Libâneo (1994), a seleção dos conteúdos perpassa requisitos, critérios e especificidades da disciplina. No seu entendimento, a organização lógica não é suficiente; os conteúdos em si precisam ter elementos da vivência dos alunos para se tornarem mais significativos, mais vivos, de sorte que estes os assimilem ativa e conscientemente.

Nessa direção, o paradigma da percepção em geografia atende a esse pressuposto, uma vez que o estudo do espaço geográfico volta-se para os espaços vividos e concebidos, a paisagem percebida, as territorialidades, a cotidianidade, os laços afetivos com o lugar, o imaginário individual e coletivo, buscando entender que, na organização do espaço, há muito de quem nele vive e vice-versa.

Destacamos ainda que, na seleção de conteúdos de geografia, é importante considerar a contextualização destes no tempo e no espaço geográfico e certificar-se de que estejam em consonância com os objetivos estabelecidos.

Para finalizar este capítulo e, na verdade, pensando sobre as inquietações do início, trazemos uma observação de Cortelazzo e Romanowski (2007, p. 61), que reforça o sentido do plano de aula:

> *Consideramos importante observar também que a improvisação não é sinônimo de criatividade, mas sim de atividades desorganizadas e sem finalidade. Quando isso acontece, os alunos ficam sem saber para que e por que realizam determinadas tarefas, o que resulta em rebeldia, indisciplina, irritando o professor e os outros alunos. Em vista disso, muitas vezes, os professores culpam os alunos pelo insucesso da aula, sem refletirem sobre a razão de não estar ocorrendo a devida motivação dos educandos. Claro está que, para evitar que isso ocorra, uma aula precisa ter começo, meio e fim.*

Diante das observações apresentadas, o leitor chegou a alguma conclusão a respeito de se planejar as ações didáticas? Afinal, em sua opinião, o planejamento é um instrumento imbuído de poder para se melhorar uma realidade? E, principalmente, problematizar as aulas de Geografia a partir do espaço vivido, das experiências, valendo-se do sentimento de identidade e pertencimento, não torna essa disciplina mais próxima do aluno e, portanto, mais significativa para ele?

Síntese

~ O planejamento é instrumento primordial, pois orienta todo o trabalho do sistema escolar. Está organizado em três níveis interligados: o plano da escola, o plano de ensino e o plano de aula.

~ A estratégia da problematização da aula permite dar significado a um conteúdo que, para o aluno, aparentemente, não diz nada.

~ A seleção e a organização de conteúdos perpassam elementos lógico-formais e, ainda, pedagógicos, epistemológicos e psicocognitivos, visando à ampla formação do aluno.

Atividades de autoavaliação

1. O planejamento escolar é importante para:
    I. articular a atividade escolar e o contexto social.
    II. refletir sobre opções e ações no processo de ensino-aprendizagem.
    III. prever ações docentes de cunho político-pedagógico.

    Agora, assinale a alternativa correta:

    a) Somente a I e a II estão corretas.
    b) Somente a I e a III estão corretas.
    c) Somente a II e a III estão corretas.
    d) Todas estão corretas.

2. Sobre as funções do planejamento escolar, analise se as proposições a seguir estão corretas, assinalando (V) para as verdadeiras e (F) para as falsas. Depois, justifique sua resposta em seu caderno:
    ( ) Apontar diretrizes e procedimentos do trabalho docente.
    ( ) Atualizar o conteúdo do plano, aperfeiçoando-o, quando dos avanços relativos ao conhecimento.
    ( ) Facilitar a preparação de aulas.
    ( ) Uma cartilha que deve ser seguida à risca, em qualquer circunstância.

3. Sobre o planejamento de ensino, reflita sobre as afirmações a seguir e assinale a alternativa correta:
   I. Os objetivos específicos do plano podem ser constituídos com base nos conteúdos selecionados.
   II. No campo que se refere à justificativa, cabe considerar as funções pedagógicas e sociais da educação.
   III. No campo que se refere à metodologia, o professor indica as atividades que os alunos vão desempenhar para que assimilem os conteúdos propostos, tendo em vista os objetivos que ele traçou.
   a) Somente a I e a II estão corretas.
   b) Somente a I e a III estão corretas.
   c) Somente a II e a III estão corretas.
   d) Todas estão corretas.

4. Quais são as vantagens em se problematizar a aula? Justifique sua resposta em seu caderno:
   I. A reflexão do conteúdo por meio da busca de uma solução.
   II. O conteúdo significativo e concreto para o aluno.
   III. A problematização como uma técnica que permite que o professor selecione um conteúdo sem analisar a capacidade cognitiva e as experiências do aluno.
   a) Somente a I e a II estão corretas.
   b) Somente a I e a III estão corretas.
   c) Somente a II e a III estão corretas.
   d) Todas estão corretas.

5. Em relação à seleção de conteúdos, marque a alternativa correta, justificando-a:
   a) O professor deve seguir rigorosamente os conteúdos propostos em documentos oficiais.

b) Uma forma prática e coerente para selecionar os conteúdos é adotar na íntegra a organização proposta pelos livros didáticos.

c) As especificidades locais e regionais jamais podem ser desconsideradas.

d) Não é necessário considerar o interesse dos alunos pelo conteúdo, tampouco seu significado, uma vez que a aula será problematizada.

Atividades de aprendizagem

Questões para reflexão

1. Escreva sobre a importância política e pedagógica do planejamento.

2. Com base no que estudamos, colete alguns planos de ensino e analise-os.

Atividades aplicadas: prática

1. De acordo com o que foi explorado neste capítulo, assista a um filme nacional. Escolha uma série da educação básica, eleja um conteúdo utilizando elementos/cenas do filme e organize um plano de aula conforme segue:

    a) Objetivo: Perceber e exercitar o levantamento de conteúdos geográficos e a problematização deles com base em experiências vividas.

    b) Como orientação teórico-metodológica, você poderá seguir a abordagem da percepção em geografia, tratada no capítulo 2, elaborando atividades que propiciem a construção do conhecimento.

    Sugestão de filme: TAPETE vermelho. Direção: Luiz Alberto Pereira. Produção: Ivan Teixeira e Vicente Miceli. Brasil: Pandora Filmes, 2006. 100 min.

- Identificar elementos/situações geográficas a partir do cotidiano e de fatos inusitados na vida dos personagens do filme.
- Transformar as situações identificadas em conteúdos escolares de geografia e analisar quais conteúdos estariam implícitos no roteiro do filme.
- Com base nesses levantamentos, elaborar uma proposta de plano de aula.

2. Usando a estratégia da problematização, elabore uma introdução para um determinado conteúdo.

Capítulo 4

Tratamos no capítulo anterior da importância do planejamento no âmbito escolar e na prática docente. Ao tratarmos sobre seleção de conteúdos, vimos que o livro didático é uma referência para muitos professores da educação básica. Queremos deixar claro que, em nosso entendimento, esse material deve servir como um apoio ao processo de ensino-aprendizagem, e não exercer papel central. Para nós, um dos papéis centrais no processo de ensino-aprendizagem da Geografia escolar é ocupado pela cartografia, pois ela facilita a leitura e permite a percepção, a compreensão e a interpretação do espaço geográfico de uma maneira mais ampla, consistente e reflexiva.

O livro didático e o uso da cartografia

4.1 O livro didático na Geografia escolar

Os livros de geografia, nas décadas de 1960 e 1970 principalmente, apresentavam um discurso ufanista. Exaltavam o desenvolvimento econômico sem, entretanto, apresentar reflexões sobre como buscar esse desenvolvimento, a custas do quê ele aconteceria ou que consequências traria, ou seja, não traziam uma leitura crítica do espaço geográfico.

Os livros eram extremamente conteudistas – reflexo da concepção teórica tradicional vigente na época –, traziam muitas informações e as atividades eram repetitivas e numerosas, a fim de que o aluno aprendesse por meio da memorização.

Conforme abordamos no primeiro capítulo, a geografia é considerada uma ciência da natureza e da sociedade. No decorrer de sua história, o pensamento geográfico passou por mudanças nas formas de interpretação do espaço, as quais são produto da dinâmica dos processos sociais, sendo que estes, por sua vez, refletem-se no ensino.

Assim, nos livros didáticos mais recentes, encontramos conteúdos que são intrínsecos à geografia e que, desde a sua concepção como disciplina escolar, fazem parte de seu currículo e são inseparáveis. No entanto, foram tomando outras abordagens conforme o espaço geográfico foi sofrendo alterações.

Um exemplo é a atividade industrial, a qual era enaltecida e vista como sinônimo de desenvolvimento, o que se refletia nos estudos de geografia. Hoje, continuamos estudando a industrialização, porém acrescentamos a esse velho discurso um novo, relativo à globalização, à questão ambiental, resultado dos impactos negativos causados ao meio ambiente.

No tratamento dos conteúdos da disciplina de Geografia, a questão ambiental tem sido uma das preocupações centrais, ou seja, conteúdos como urbanização, clima, hidrografia, vegetação, população têm sempre um enfoque para aspectos relacionados ao meio ambiente, e os livros didáticos da disciplina, em geral, têm-nos retratado.

Contudo, o problema, como assinala Lago (2004), está no fato de que alguns educadores, ainda hoje, usam os livros didáticos atuais com a maneira antiga de ensinar. A abordagem da percepção, bem como as novas abordagens construtivistas, ensinam-nos que o sentido e o prazer são fundamentais no processo de aprendizagem.

Nessa perspectiva, para Schäffer (2003, p. 36), "o pior livro pode ficar bom na sala de um bom professor e o melhor livro desanda na sala de um mau professor". A autora alerta para a importante função social e pedagógica do livro didático, que se dá com a construção do conhecimento por meio do trabalho com o texto impresso, mas que passa pelos critérios de escolha do professor. Porém, o que se tem verificado, segundo a autora, é que o livro em sala de aula tem sido usado para "localizar respostas e repetir informações". Com base em Scliar-Cabral, Schäffer (2003) menciona a rapidez com que as diversas transformações (sociais, políticas e econômicas) vêm ocorrendo, o que determina que o ensino não possa mais se caracterizar pelo repasse de informações.

Saviani (1989), ao tratar do livro didático como recurso para o desenvolvimento do processo de ensino-aprendizagem, faz uma abordagem com base na comunicação. Nela, quatro elementos são fundamentais: o transmissor, a mensagem, o receptor e o meio. Transpondo o processo da comunicação para a educação, o professor precisará de instrumentos capazes de tornar a mensagem educativa assimilável para o aluno e os veículos dessa mensagem serão determinados a partir do que ele conhece sobre este.

Com base nos estudos de Piaget, podemos afirmar que o ser humano evolui cognitivamente das operações mais concretas para as mais abstratas. Nesse sentido, esse teórico afirma que, para os estudiosos da educação, o ensino precisa se organizar a partir das experiências diretas, na direção progressiva dos símbolos visuais e verbais.

De acordo com Saviani (1989, p. 102-103):

> *A Lei 5.692 incorporou esta exigência, determinando que o ensino nas primeiras séries do Primeiro Grau [hoje ensino fundamental], seja ministrado predominantemente sob a forma de atividades. Não obstante, constata-se que têm predominado nas escolas, indiscriminadamente, o uso dos símbolos visuais (linguagem escrita: livros) e símbolos verbais (linguagem falada). Cumpre, pois, ampliar a esfera dos meios e tirar proveito, também no processo educativo, da variedade de recursos que*

a situação histórica atual oferece. Isto significaria que o livro didático, enquanto recurso educativo, está em vias de ser ultrapassado e fadado a desaparecer? Ao contrário, significa que sua faixa de referência se amplia (já que como instrumento mais abstrato ele propicia maior campo de abrangência) para se articular e, em certos casos, abarcar outros recursos pedagógicos. Em outros termos, caberá ao livro didático servir como elemento estimulador a professores e alunos no sentido de aguçar-lhes a capacidade criadora, levando-os à descoberta e ao uso de novos recursos, através de sugestões múltiplas e ricas.

Para o autor, o livro didático tem caráter estático, se considerado apenas como meio; a mensagem a ser passada pelo professor está organizada convenientemente para ser captada pelo receptor (aluno). É fato, porém, que a mensagem científica precisa ser "transmitida" ao aluno de maneira mais didática. Assim, nessa abordagem, o livro didático é tido como insubstituível e se caracteriza como o instrumento adequado para transformar a mensagem científica em mensagem educativa, pois é o único recurso capaz de transmitir sistematicamente um corpo de conhecimentos.

Outro aspecto, não menos importante, a ser considerado, diz respeito ao livro didático ser um recurso atraente para o aluno, se contextualizado com a modernidade e coerente com a faixa etária do público a que se destina. Nesse contexto, Saviani (1989) aponta para a importância de o livro didático ser um estímulo às atividades docentes. Ou seja, por um lado, o livro deve servir como apoio à construção do conhecimento pelo aluno; por outro, precisa ser um instrumento para mediar a atividade docente, segundo objetivos preestabelecidos em seu planejamento.

E o que representa o livro didático no contexto da educação brasileira?

Em um primeiro momento, os livros didáticos seguiam a lógica do capital. O objetivo era abordar os temas sob um único viés: o da produção do sistema.

Sobre a evolução do livro didático e sua presença no Brasil, Schäffer (2003, p. 137-138) afirma:

> *Até então, a Bíblia era a obra mais vendida para ensino e também a mais barata. A prática dos exames públicos, em especial a partir do início do século 20, condicionou o uso do livro didático entre toda a população estudantil, nivelando o ensino. Nesse sentido, o livro didático tem sido visto, em todos os países, como o instrumento capaz de, conforme Oliveira (1984), "dar uma base comum, um conjunto de informações que confira uma 'unidade' à 'classe' de alunos". Por extensão, ao homogeneizar sucessivas classes etárias (classes de alunos têm, via de regra, idades similares), homogeneíza também a sociedade.*

A autora esclarece que, até o século XIX, os livros eram de origem portuguesa e francesa, pois o custo para produzi-los no Brasil era muito alto. Investimentos e avanços tecnológicos posteriores permitiram que os livros didáticos passassem a ser feitos em nosso país. Esse fato, associado à Revolução de 1930, na qual se desenvolveu uma política educacional progressista, cujos objetivos pautavam-se na democracia e no fortalecimento das bases científicas, possibilitou a popularização dos livros didáticos em nosso país.

O livro didático também já esteve no papel de controlador político-ideológico do Estado, pois serviu para difundir as ideias de segurança nacional e brasilidade, ordem e progresso da nação, apregoadas pela concepção estado-novista (Schäffer, 2003). Em vista disso, em 1985, pelo Decreto nº 91.542, foi criado o Programa Nacional do Livro Didático (PNLD), com o objetivo de atender alunos de escolas públicas, além de analisar, selecionar e indicar livros didáticos.

Muitas escolas da rede particular adotam os livros didáticos destinados à rede pública pelo fato de serem produzidos com base nos PCN e, também, por causa da avaliação e da aprovação que eles obtêm do

Ministério da Educação – MEC (Lago, 2004).

Por outro lado, apesar de ser favorável à avaliação de livros didáticos, Vesentini (2007, p. 28-30) argumenta que as equipes que vão desempenhar esse trabalho precisam ser compostas por profissionais que usam os manuais dos livros em sala de aula, pois as características fundamentais do livro são reveladas com o uso. Assim, nos processos de avaliação do MEC, defende que é necessário haver diálogo com os autores e transparência por parte dos pareceristas e avaliadores.

No PNLD, o processo de escolha do livro didático pelos professores esbarra em dificuldades operacionais de algumas secretarias estaduais. Nem todos os professores têm autonomia para a escolha do material e passam, então, a utilizar o livro que lhes é proposto, sem a oportunidade de avaliar se o material está de acordo com a proposta pedagógica da escola e com a sua linha teórico-metodológica. Além disso, para Spósito (2002), a desvalorização profissional e salarial, associada a uma formação frágil, faz com que o livro didático exerça um papel muito maior no ensino do que de fato lhe caberia:

> *Mal formados intelectualmente e com a remuneração em declínio, os professores encontram-se reféns dos currículos e instrumentos didáticos, como os livros didáticos que lhes são apresentados; em parte, porque é pequena sua capacidade/autonomia intelectual de seleção e definição de opções para a realização de seu trabalho didático; em parte porque a ampliação da jornada de trabalho e o número de escolas em que realizam seu trabalho tornam exíguo seu tempo livre para formação continuada e preparação de seu material de trabalho.* (Spósito, 2002, p. 309)

Dessa forma, os professores passam a ter o livro didático como principal referencial para os conteúdos e preparação de suas aulas. Em razão disso, os critérios a serem considerados na escolha desse material, pelos professores que de fato podem escolhê-lo, necessitam estar para além da aprovação do MEC. O livro didático é, sem dúvida, instrumento indispensável para o ensino, não com o mero objetivo de levar informação ao aluno, mas por ser uma ferramenta no processo de construção do conhecimento. Assim, no encaminhamento do trabalho com o livro didático, é necessário que o educador discuta com os alunos o que está sendo apresentado neste, de modo a perceber como eles recebem as informações que lhe foram apresentadas e, principalmente, levá-los a estabelecer parâmetros/relações com a sua realidade, ou seja, articular o global apresentado no livro, com o local, com algo significativo para eles. Assim, os alunos vão construindo conceitos, por meio de suas experiências e sob orientação do professor.

4.2 Critérios para a escolha do livro didático

O primeiro aspecto a ser considerado pelo professor no processo de escolha do livro é o seu **plano de ensino**. Assim, a proposta do livro didático precisa estar de acordo com os objetivos traçados pelo professor em seu planejamento. Além disso, Schäffer (2003) afirma que o docente necessita dispor de informações sobre o livro, de modo a permitir uma análise criteriosa.

Um elemento fundamental para essa escolha, e no qual parte dessas informações pode ser obtida, é o **manual do professor**. Faz-se necessária uma análise crítica do manual para perceber com maior clareza quais são os pressupostos teórico-metodológicos adotados pelo(s) autor(es). Este também é o material em que podemos encontrar textos de apoio para aprofundamento e embasamento teórico sobre determinado tema.

Outro aspecto a ser considerado na escolha é a **metodologia** utilizada. É necessário que ela seja diversificada e que utilize instrumentos capazes de levar o aluno a perceber que o ensino de Geografia está no seu cotidiano, tais como as notícias de jornais, revistas, telejornais, a música etc. É muito importante verificar também como os **conceitos** são trabalhados. Considerando a característica ampla da Geografia escolar, eles necessitam estar claros ao aluno para a sua efetiva assimilação.

Objeto de discussões entre os geógrafos, **a dicotomia geografia física e geografia humana** também aparece nos livros didáticos e, portanto, é outro aspecto a ser observado. As leituras epistemológicas da geografia trazem subsídios para o entendimento da forma tradicional de se compreender a geografia humana dissociada da física, uma vez que o grande foco dessa ciência, hoje, encontra-se no estudo das relações entre sociedade e natureza. O que mudou nos últimos tempos foi a abordagem, entendendo que os processos naturais e sociais estão inter-relacionados.

Schäffer (2003) também discorre sobre alguns critérios que podem auxiliar o professor na escolha do livro didático. Primeiramente, como já mencionado, o livro precisa atender aos objetivos constantes no plano de ensino e, naturalmente, para adequada apreciação, o professor precisará ler o livro em sua totalidade. Os critérios podem ser reunidos, basicamente, em dois eixos:

~ quanto ao livro – mercadoria;
~ quanto às características do livro – material pedagógico.

O primeiro eixo refere-se à apresentação do livro. Necessitamos avaliar, além do preço, a qualidade do papel, da impressão, da encadernação e da editoração (tamanho, forma e cor da letra, espaçamentos, figuras etc.). O segundo eixo, mais complexo, diz respeito ao livro como instrumento de ensino:

Nesta dimensão da escolha, a análise precisa ser muito mais criteriosa. Cabe uma verificação acurada quanto à orientação dada aos conteúdos; à correção e atualidade das informações; à distribuição das unidades; ao tratamento dos conceitos desenvolvidos; à adequação e correção dos exemplos e ilustrações (mapas, gráficos, desenhos, tabelas, fotos, etc.) e dos exercícios eventualmente propostos. (Schäffer, 2003, p. 144)

Ressaltamos que a autonomia do professor em escolher o livro perpassa também o fato de ele se identificar com o material. Quanto ao livro didático de Geografia, a autora destaca aspectos considerados básicos para a reflexão acerca da seleção do livro didático, a saber:

a) a qualidade do processo de ensino e de aprendizagem depende muito mais do desempenho do professor do que da qualidade do livro didático; b) o livro didático mantém-se como recurso instrucional de mais largo uso em sala de aula, quando não o único recurso; c) as críticas e sugestões aos livros didáticos de geografia devem ser elaboradas e encaminhadas aos setores competentes (editoras, órgãos públicos de ensino, associações de classe) pelos professores; d) deve-se exigir, no caso de obras distribuídas pelo Estado à rede escolar, uma divulgação ampla, em tempo hábil, dos títulos disponíveis para aquisição; e) importa que o professor consiga efetivar uma boa relação entre o aluno e o livro didático. (Schäffer, 2003, p. 145-146)

Nessa perspectiva, de acordo com Castrogiovanni e Goulart (2003), o livro didático precisa ser um complemento às atividades didático-pedagógicas, as quais necessitam estar pautadas na construção do conhecimento, objetivando melhorar o comportamento do aluno perante a realidade. Considerando que a realidade não ocorre tal como a estrutura do livro, entendemos que usar esse recurso na sua totalidade e linearmente não é o melhor caminho para adaptá-lo ao cotidiano do aluno.

Esses autores consideram que o livro precisa ser alvo de amplas discussões e reflexões. Para eles, numa perspectiva crítica, um livro didático de qualidade necessita atender aos seguintes aspectos, resumidamente:

- ~ A fidedignidade das afirmações: os conceitos, os dados, os mapas etc. devem ser fiéis à realidade estudada.
- ~ O estímulo à criatividade: diz respeito a atividades que propiciem a observação, a interpretação, a reflexão e a análise e que conduzam o aluno a sentir-se um agente transformador da realidade.
- ~ Uma correta representação cartográfica: os dados cartográficos devem ser exatos e estar dispostos de modo simples e claro. Elementos importantes: localização no texto (para o entendimento da informação), escala (proporção do espaço), simbologia (precisão) e projeção (para caracterizar a realidade o mais fielmente possível).
- ~ Uma abordagem que valoriza a realidade: refere-se à interpretação, a partir do cotidiano, das vivências e das experiências do professor e do aluno, tornando-se possível entender a geografia como uma ciência transformadora.
- ~ O enfoque do espaço como uma totalidade: o espaço é mostrado no âmbito da sociedade e da natureza, sem caracterizar determinismo.

Há livros didáticos de Geografia que atendem aos mais diversos padrões sociais. Procuram, em geral, aproximar os conceitos da realidade brasileira, abrangendo os seus diferentes aspectos. Considerando que todos os lugares são diferentes e têm suas especificidades, o professor precisa buscar meios para obter informações complementares ao livro didático e usá-lo numa perspectiva dialógica com o cotidiano.

4.3 A linguagem cartográfica na educação básica

Ainda mais importante que usar o livro didático como apoio metodológico no ensino de Geografia é fazer uso de representações espaciais como mapas, cartas e globos nas aulas. Você pode até pensar, e tem razão nisso, que temos "batido sempre na mesma tecla" e que isso não é novidade. Porém, o que muitas vezes constatamos nas escolas é que os mapas e os globos ficam "entulhados" num canto qualquer, com pouquíssimo ou nenhum uso.

Mesmo que o professor adote o livro didático, ou um atlas, ou, ainda, apostilas que trazem vários mapas e cartas, é necessário explorar esses recursos, pois, muitas vezes, eles se apresentam de forma solta, sem estar incorporados ao texto e sem explicações complementares. Em sala de aula é necessário ensinar a respeito dos mapas, ou seja, ensinar **sobre mapas** para que o aluno tenha noções básicas de cartografia e saiba lê-los e interpretá-los, e ensinar **com mapas**, para tornar a abordagem do conteúdo mais didática, uma vez que é mostrado ao aluno o espaço em discussão e sua organização, o que facilita o entendimento da dinâmica presente naquele espaço.

Além disso, o ensino tem que cumprir uma função social: a formação do cidadão crítico. Conforme Almeida (2006), o indivíduo que não aprende a interpretar um mapa não consegue pensar sobre aspectos do território cujo registro não esteja em sua memória. Estarão disponíveis para esse indivíduo apenas as suas experiências, o seu espaço vivido, não sendo possível a mera localização de sítios que ele desconheça.

No que diz respeito ao **ensino sobre mapas**, Francischett (2002) afirma que o ensino da cartografia está calcado na aprendizagem de conceitos básicos: representação espacial (globo, mapas, cartas topográficas, plantas, maquetes), escala (gráfica e numérica) e simbologia (convenções cartográficas, legenda, cotas). Compreender esses conceitos leva ao entendimento do espaço, pois eles representam o início do desenvolvimento sistemático da cartografia e estão ordenados hierarquicamente (Franscischett, 2002). Acrescentamos a esses conceitos a localização (paralelos, meridianos, e coordenadas geográficas), a projeção (formas e funções) e a orientação (pontos cardeais e colaterais), cujos referenciais geográficos são construídos na escola.

No quadro a seguir, organizamos as representações espaciais mais comuns e seus respectivos conceitos.

Quadro 5 – Conceitos básicos de representações espaciais

Mapa	É uma representação no plano, geralmente em escala pequena, que indica aspectos naturais e culturais da superfície da Terra ou de uma parte dela. São elementos fundamentais no mapa: o título, a legenda, a escala, a direção, as coordenadas e o ano de elaboração.
Carta	É uma representação no plano, geralmente em escala média ou grande, destinada a fins práticos de atividade humana. Permite a avaliação precisa de distâncias, direções e a localização de aspectos naturais e artificiais da superfície da Terra. Pode ser subdividida em folhas de forma sistemática, obedecendo a um plano nacional ou internacional.
Planta	Entende-se como a representação de áreas pequenas, nas quais a curvatura da Terra não precisa ser considerada. A escala é grande e, portanto, favorece a quantidade e a clareza dos detalhes. Encontram-se nesse caso plantas de edificações, quarteirões, jardins e plantas urbanas.
Croqui	É um desenho no qual a fidedignidade escalar não é considerada. Pode ser feito à mão livre; um esboço de uma representação.

Fonte: Adaptado de IBGE, 2008.

Contudo, essa abordagem introdutória contempla apenas as características didáticas mais elementares do ensino-aprendizagem de Geografia através dos mapas.

No **ensino com mapas**, o uso das representações espaciais, associadas a um método de ensino contemporâneo – ou seja, um método que considere a geografia no presente, com as complexidades e contradições inerentes ao espaço –, possibilita uma melhor compreensão do ordenamento espacial da sociedade, fazendo com que o aluno conheça e domine o espaço geográfico.

Nesse sentido, Katuta (2002, p. 134) estabelece dois pressupostos para a apropriação e o uso da linguagem cartográfica:

~ devem ser entendidos no contexto da construção dos conhecimentos geográficos (para a elaboração dos saberes sobre territórios, lugares, paisagens e outros);

~ dependem não apenas, mas grandemente, das concepções de Geografia e do ensino dessa disciplina que os professores e seus alunos possuem (faz-se necessário explorar o mapa relacionando os seus elementos, contextualizando-o histórica e culturalmente).

Historicamente, podemos relacionar o uso da linguagem cartográfica nas práticas escolares (e também na educação superior) com as correntes do pensamento da geografia.

No período tradicional, mapas políticos, de clima, de população, de economia, entre outros, eram utilizados para localizar e descrever fenômenos, sem relacioná-los entre si, segundo um entendimento de que o espaço era uma soma desses elementos. De acordo com Katuta (2002), no final da década de 1970, os discursos da geografia crítica, com maior ênfase nas temáticas humanas, de certa forma acabaram por afastar a linguagem cartográfica das salas de aula. Dependendo da instituição, o professor tinha uma formação técnica e cartográfica ou uma formação que não refletia sobre a necessidade desses conhecimentos com uma nova leitura e novos significados. Assim, a linguagem cartográfica, nesse período, foi praticamente inexplorada, tendo em vista, principalmente, a formação deficitária, a falta de mapas atualizados nas escolas e um entendimento distorcido sobre a corrente crítica.

Segundo essa pesquisadora, desde a década de 1980 vem se estabelecendo a construção de novos olhares sobre a linguagem cartográfica, para os quais a compreensão do espaço só é possível com o domínio desse recurso. Essa retomada da linguagem cartográfica como um recurso didático vem acompanhada da concepção de alfabetização e, mais recentemente, de leiturização. Mas, que diferenças podem ser estabelecidas entre essas duas concepções para o **ensino com mapas**?

O significado do termo *alfabetização cartográfica* não está apenas na localização de um elemento cartográfico ou de um fenômeno, mas na interpretação das informações contidas nos mapas, as quais são codificadas. Os códigos, por sua vez, possuem cores, formas, tamanhos e texturas. Para Almeida e Passini (1991, p. 15), "o mapa é uma representação codificada de um determinado espaço real" e ler mapas significa compreender o sistema de sinais e símbolos presente na linguagem cartográfica.

A informação em um mapa é transmitida por meio dessa linguagem, a qual se baseia em três elementos: sistema de signos, redução e projeção. O sistema de signos refere-se, basicamente, aos símbolos/códigos relacionados na legenda do mapa. A redução diz respeito à escala, ou seja, significa quanto o tamanho do espaço real foi reduzido proporcionalmente. Já a projeção está relacionada à representação da superfície terrestre em um plano, no qual os elementos mais importantes são a distância, a forma e os ângulos. Os diferentes tipos de projeção permitem priorizar diferentes aspectos do mapa (Almeida; Passini, 1991).

As referidas autoras afirmam que a leitura de mapas inicia-se com a decodificação dos códigos neles contidos e que, para ser eficaz, perpassa etapas metodológicas, que são:

- entendimento do título (qual o espaço representado, os limites, as informações);
- compreensão da legenda, que é a decodificação, mediante a qual pode-se relacionar os significantes (símbolos) aos significados (mensagem) dos signos constantes na legenda;
- leitura e reflexão da distribuição e da organização dos símbolos e da mensagem sobre o mapa;
- observação da escala para o cálculo de distância e como elemento de comparação e interpretação.

Assim, para que a leitura cartográfica seja possível em todos os mapas, os objetivos têm de ser claros e precisa haver as generalizações, sem, no entanto, perder informações importantes. Para as autoras, a formação de conceitos cartográficos não está em atividades mecanicistas, como copiar ou pintar mapas; para que o aluno possa entendê-los, ele precisa construí-los, pois assim acompanhará cada passo metodológico do processo, familiarizando-se com a linguagem cartográfica. Mesmo com a dificuldade que venha a ter em elaborar um sistema de signos de forma ordenada, o aluno construirá noções profundas de um sistema semiótico, ao passo que precisará generalizar, classificar e selecionar informações que necessitam ser mapeadas, além de usar a escala a fim de reduzir o espaço para a representação, desenvolvendo seu raciocínio lógico:

> *Ao reduzir o espaço estudado à sua representação, o aluno percebe logo a necessidade da proporcionalidade, para que não ocorram deformações. É a esta ação-reflexão que se refere Piaget ao mostrar a construção do pensamento na criança pela ação. [...] Para Piaget todo conhecimento deve ser construído pela criança através de suas ações. Essas ações, em interação com o meio e o conhecimento anterior já organizado na mente, proporcionam a acomodação dos conhecimentos percebidos que passam a ser assimilados. Portanto, para que o aluno consiga dar o*

significado aos significantes, deve viver o papel de codificador, antes de ser decodificador. (Almeida; Passini, 1991, p. 22)

Na mesma direção, Fantin e Tauschek (2005, p. 98) refletem sobre o significado da alfabetização cartográfica na prática de ensino, em substituição às práticas tradicionais:

> Se o mapa passa a ser um "texto" para o aluno, ele é passível de leitura e interpretação, traz informações que podem e devem ser discutidas, analisadas. E, sobretudo, deixa de ser aquele instrumento de tortura pedagógica, em que o aluno copia e pinta, por obrigação, algo que nada significa para ele.

Tomando como base os estudos de Piaget, Almeida e Passini (1991) argumentam que a função simbólica na criança surge com a linguagem, mais ou menos aos dois anos de idade. A criança constrói símbolos através dos desenhos como uma representação gráfica de uma ideia ou objeto. A compreensão desses símbolos interessa para a cartografia, pois é a percepção da criança de seu espaço vivido, na qual há representação e codificação.

De acordo com Almeida (2006), o mapa construído pela criança contém informações do pensamento infantil – representações que explicitam como ela pensa o espaço. Assim, antes de ler mapas, ela age como mapeadora do espaço que conhece. Revertendo esse processo, estará lendo mapas, primeiramente, de seu espaço próximo e, aos poucos, já na idade formal, será capaz de abstrair espaços mais distantes, usando deduções lógico-matemáticas. A autora realiza um estudo fundamentado em Piaget e Luquet, no qual analisa o desenho infantil e o correlaciona à representação espacial. Desse estudo extraímos os estádios do pensamento infantil estabelecidos por Piaget, apresentados no Quadro 6, no qual podemos perceber a origem das relações espaciais.

Quadro 6 – Desenvolvimento do desenho infantil e a origem das relações espaciais

3 a 5 anos	Aparecem as relações topológicas: a **de vizinhança** (presente desde a fase anterior), visível na aproximação das diversas partes do desenho, que antes ficavam dispersas pela folha; a **de separação**, pois ocorrem elementos distintos entre si; a relação **de ordem**, que se inicia neste nível, havendo ainda inversão de posições; a **de envolvimento**, observado em figuras simples pelo fechamento e pelo destaque de elementos no interior de uma figura; a **de continuidade**, na qual ocorre apenas justaposição, pois ainda não aparecem sequências de elementos.
6 a 9 anos	Após atingir a síntese gráfica, a criança permanece por longo tempo fixa a um tipo de desenho. Início da inclusão das relações euclidianas, porém ainda incoerente em suas conexões. Há falta de coordenação de pontos de vista. Crianças de 7-8 anos desenham com rebatimento. As relações euclidianas são percebidas nas retas, ângulos, círculos, quadrados e outras figuras geométricas, sem medidas ou proporções precisas. Por volta de 8-9 anos, aparece a conservação simultânea das perspectivas, proporções, medidas e distâncias.
9 a 10 anos	Percebe-se que as relações projetivas e as euclidianas surgem juntas. As relações projetivas possibilitam conservar o ponto de vista, isto é, determinar a posição real das figuras; as relações euclidianas determinam e conservam as distâncias recíprocas.

Fonte: Adaptado de Almeida, 2006.

Almeida (2006) ressalta que as faixas etárias de Piaget não coincidem com as de outros pesquisadores. Assim, os estádios podem ser considerados no seu conjunto e articulados entre si. Ressalta também a ausência de influências individuais e sociais nos estudos de Piaget. Este se interessava pelo conhecimento, pela cognição e centrava seus estudos no desenvolvimento da inteligência. Nas pesquisas do epistemólogo suíço, os aspectos afetivos fazem parte do desenvolvimento intelectual, não sendo amplamente considerados.

Porém, na escola e na vida constantemente ocorrem a socialização e a afetividade. Por esse motivo, nossas considerações têm como fundamento a visão piagetiana somada a outras investigações, como a visão vygotskyana, a qual considera esses aspectos que se fazem tão presentes na vida cotidiana.

O referido quadro mostra que, na faixa etária correspondente às séries iniciais, a criança possui habilidades mentais que dão o suporte necessário à aprendizagem da alfabetização cartográfica. Simielli (2007) argumenta que esse trabalho precisa ser realizado de 1ª a 4ª série do ensino fundamental, atual séries iniciais, utilizando-se de muitos recursos visuais, em que, primeiramente, a aprendizagem ocorre com os elementos da representação gráfica e, posteriormente, com a representação cartográfica propriamente dita. O aluno, após passar por todos os níveis do ensino cartográfico na educação básica, irá se tornar um leitor crítico e/ou um mapeador consciente. No quadro a seguir, Simielli (2007) organiza as principais aquisições metodológicas dos alunos na faixa etária de 11 a 17 anos, quanto ao uso de mapas, cartas e plantas.

Quadro 7 – Uso de mapas, cartas e plantas

Aquisições simples	- conhecer os pontos cardeais; - saber se orientar com uma carta; - encontrar um ponto sobre uma carta com as coordenadas ou com o índice remissivo; - encontrar as coordenadas de um ponto; - saber se conduzir com uma planta simples; - extrair de plantas e cartas simples uma só série de fatos; - saber calcular altitude e distância; - saber se conduzir com um mapa rodoviário ou com uma carta topográfica.
Aquisições médias	- medir uma distância sobre uma carta com uma escala numérica; - estimar um ponto da curva hipsométrica; - analisar a disposição das formas topográficas; - analisar uma carta temática representando um só fenômeno (densidade populacional, relevo etc.); - reconhecer e situar as formas de relevo e de utilização do solo; - saber diferenciar declives; - saber reconhecer e situar tipos de clima, massas de ar, formações vegetais, distribuição populacional, centros industriais e urbanos, entre outros.
Aquisições complexas	- estimar uma altitude entre duas curvas hipsométricas; - saber utilizar uma bússola; - correlacionar duas cartas simples; - ler uma carta regional simples; - explicar a localização de um fenômeno por correlação entre duas cartas; - elaborar uma carta simples a partir de uma carta complexa; - elaborar uma carta regional com os símbolos precisos; - saber elaborar um croqui regional simples (com legenda fornecida pelo professor); - saber levantar hipóteses reais sobre a origem de uma paisagem; - analisar uma carta temática que apresenta vários fenômenos; - saber extrair de uma carta complexa os elementos fundamentais.

Fonte: Adaptado de Simielli, 2007, p. 104.

Nessa direção, Castrogiovanni e Goulart (2003, p. 35) asseveram sobre a necessidade do uso da alfabetização cartográfica em toda a educação básica: "se o trabalho de construção cartográfica não for realizado plenamente no ensino fundamental, o professor terá que propô-lo no ensino médio, considerando como ponto de partida o estágio de desenvolvimento cognitivo de seus alunos."

Katuta (2002) questiona o termo *alfabetização cartográfica*, afirmando que a leitura de mapas estaria além do domínio dessa linguagem. A autora fundamenta sua posição em estudos da linguagem escrita realizados por construtivistas, entre eles Ferreiro e Pino. Tais estudos designam, entre outras, duas concepções para a alfabetização: a sintética, que, desenvolvendo-se das partes para o todo (das letras e sílabas para as palavras e orações), resulta em uma visão mecânica de leitura, e a analítica, para a qual a leitura é um ato global, uma compreensão do todo para apreender o texto.

Para a referida autora, com base em Foucambert, a leiturização seria a atribuição de significado à escrita por meio da leitura e da construção do entendimento das mensagens do texto, o que estaria no contraponto da alfabetização. Segundo a autora, para que o aluno leia mapas é preciso ir além da alfabetização, da decodificação do alfabeto cartográfico e da construção de mapas.

Nessa perspectiva, faz-se necessário o domínio conceitual da temática tratada no mapa; o acesso a informações relacionadas ao significado de determinadas territorialidades; a elaboração de categorias de análise do fenômeno e o estabelecimento de raciocínios analíticos para explicar paisagens; a utilização de representações do imaginário para o entendimento de territórios nos mapas (Katuta, 2002).

Na perspectiva do **ensino sobre mapas** e do **ensino com mapas**, consideramos que a alfabetização e a leiturização não necessariamente se contrapõem, mas se complementam. Primeiro, porque a alfabetização cartográfica, concebida como o domínio do sistema semiótico da cartografia, até pode ser entendida como tecnicista, mas vai além de uma visão meramente mecânica da alfabetização: ela propõe ensinar a técnica para ler e interpretar o mapa, contribuindo para tornar mais acessível a compreensão das representações espaciais. Porém, necessita ainda de uma visão a partir de sua totalidade. Segundo, porque a leiturização propõe esse olhar a partir do todo da representação, mas, por outro lado, não analisa suas partes com tanta especificidade. Afinal, as metodologias precisam servir para facilitar o ensino-aprendizagem e conduzir o aluno à compreensão da realidade do ponto de vista da espacialidade.

Mas por que o uso da linguagem cartográfica é tão importante na Geografia escolar? Talvez as experiências da autora em sala de aula, relatadas a seguir, possam ajudar na formulação de uma resposta para esse questionamento.

> Em Curitiba, certa vez, quando lecionava para uma turma de 6ª série do ensino fundamental, um aluno me perguntou qual era a capital do Estado do Paraná. Num primeiro momento, pensei que se tratava de uma brincadeira, mas, atônita, logo percebi que o aluno realmente não sabia que estudava na capital. Sem pensar muito, disse a ele que era Curitiba, o que provocou uma nova inquietação no aluno: "mas professora, e São José dos Pinhais também é capital do Paraná?" [...] Para resumir, como se não bastasse, o aluno perguntou se Brasília era capital só do Brasil.
> Em outra ocasião, para introduzir os conteúdos localização e escala, solicitei aos alunos que cursavam o 1º ano do ensino médio que representassem em seu caderno: 1) um croqui do caminho que realizam de casa até o colégio indicando a direção que percorrem e 2) que desenhassem a planta do

colégio e nela indicassem os pontos cardeais e colaterais. Alguns alunos que moravam em bairros mais distantes do colégio (o qual fica numa região central da cidade) apresentaram dificuldades em representar o caminho percorrido, alegando a distância de sua moradia, ou seja, não sabiam representar o espaço usando proporção. Porém, houve uma situação que muito chamou a minha atenção: o seguinte desenho no caderno de uma aluna:

Perguntei a ela: "O que é isso?", e ela respondeu: "Ah, professora, aquela flor, lá." Então arrisquei: "Que flor? A rosa dos ventos?" Ao que ela respondeu: "Não, professora, a planta do colégio que a senhora pediu!".

Também é comum encontrarmos alunos do ensino médio que não sabem localizar a linha do Equador e o meridiano de Greenwich, além de não saberem o porquê de essas linhas existirem. Tampouco conseguem se localizar no espaço com base nos pontos cardeais ou mesmo localizar os pontos num planisfério. Do mesmo modo, apresentam dificuldades quando surge um assunto tão elementar como identificar as capitais dos estados brasileiros.

No primeiro caso, é evidente a falta de noção de território por parte do aluno, bem como da função política de uma cidade; de não ter sequer ideia de que existem limites territoriais entre um município e outro. Relatos de uma colega, professora de 5ª série, anunciam os mesmos problemas. Segundo ela, os alunos não sabem o que significa a palavra *município*, mas sabem que moram em uma "cidade". Os episódios apresentados também mostram uma grande lacuna na aprendizagem desses alunos em relação aos conceitos básicos de cartografia, principalmente a escala. Provavelmente, eles não tiveram oportunidades de produzir conhecimento geográfico envolvendo cartografia nas séries anteriores àquelas.

Situações nas quais o aluno não tem domínio de conceitos cartográficos básicos são comuns, e o motivo pelo qual ocorrem é o fato de grande parte das escolas não ensinar a linguagem cartográfica já na educação infantil e nas séries iniciais. Normalmente, quando essa linguagem é trabalhada, sua concepção está atrelada a uma visão tradicional da geografia, na qual os níveis escalares não se comunicam.

Com a globalização, o mundo não pode mais ser entendido em partes estanques. Se por um lado o espaço é desigual e heterogêneo, por outro ele está inteiramente em todas as partes e para todas as pessoas. Por isso, de acordo com Straforini (2004), o ensino de Geografia em qualquer nível precisa buscar o entendimento do presente. Para esse autor, no presente, todas as escalas se superpõem e se relacionam, não ocorrendo linearmente do todo para as partes ou das partes para o todo (primeiro a casa, depois o bairro, o município, o estado, o país, o continente, o mundo), e todas elas constituem a explicação para uma situação geográfica.

Assim, é importante que o professor trabalhe noções de espaço nas séries iniciais, tratando o bairro e a cidade não como um fim em si mesmo, como se esses espaços não se inter-relacionassem nas escalas regional, nacional e global. No presente, um dos papéis da geografia é mostrar ao homem como se relacionar melhor com os lugares, espaços e paisagens, propiciando-lhe a construção de novas experiências enriquecedoras com o lugar em que vive. E não há como fazer isso sem pensar e ensinar as coisas como de fato elas ocorrem em tempos de globalização: na totalidade e num piscar de olhos.

Faz-se necessário, então, que o aluno desenvolva o pensamento lógico-espacial desde o início de sua formação. Entretanto, se o objetivo final da cartografia em salas de aula escolares for apenas copiar e pintar mapas ou, ainda, construí-los, esse instrumento metodológico estará sendo subutilizado, pois não servirá à sua função maior: a de auxiliar no entendimento espacial. Copiar mapas ou construí-los sem compreendê-los na sua totalidade é uma atividade que não propicia a construção do conhecimento nem o amplo desenvolvimento do raciocínio cartográfico. A construção de mapas sem a leitura e a interpretação apenas proporciona uma reflexão sobre o porquê do mapa apresentar-se de tal forma, com tais cores e símbolos – o que configura um primeiro passo, necessitando este ser complementado.

A percepção do lugar, da paisagem, do território (e outras categorias) é ampliada quando utilizamos meios cartográficos para a compreensão do ordenamento espacial, à medida que temos uma visão do todo, ainda que relativamente reduzida. As relações estabelecidas entre indivíduo e coletividade e o espaço vivido, percebido e concebido podem ser modificadas a partir do olhar de outro ângulo para esses espaços e de uma nova interpretação para eles.

Mediante um método apropriado, situar na representação espacial os referenciais geográficos e os trajetos e lugares cotidianos, pode levar o indivíduo a perceber que o seu entorno influencia o seu ser. Nesse entorno, as contrariedades espaciais da sociedade podem levá-lo ao conhecimento de potencialidades desses espaços, numa (re)descoberta dentro da esfera cotidiana. Tal situação pode conduzir o indivíduo ou a coletividade ao despertar do sentimento de identidade e pertencimento e, ainda, a uma mudança na maneira de refletir e atuar sobre o espaço. Os laços afetivos com o lugar podem resultar em mobilizações coletivas para a melhoria do espaço de vivência.

No processo de ensino-aprendizagem entendemos que as representações espaciais são o instrumento mais didático para localizar, interpretar e compreender fenômenos e, além disso, constituem uma ferramenta potencialmente inspiradora de novas posturas para com o espaço vivido, o que as caracteriza como recurso indispensável nas aulas de Geografia. Concomitante ao uso de mapas, outros meios que dão suporte ao ensino-aprendizagem necessitam ser amplamente explorados, como um livro didático coerente com os objetivos e o método de ensino do professor e tantas outras metodologias, as quais são abordadas no capítulo seguinte.

Síntese

~ A proposta do livro didático necessita estar de acordo com os objetivos traçados pelo professor, sendo que a escolha do livro precisa passar por uma análise criteriosa.

~ O uso da linguagem cartográfica é essencial no ensino de Geografia. Abrange conceitos cartográficos básicos, como mapas, cartas, plantas, escala e projeção; compreendê-los leva ao entendimento do espaço.

Atividades de autoavaliação

1. Em relação ao conteúdo dos livros didáticos de Geografia, reflita sobre as afirmações a seguir e marque (V) para as verdadeiras e (F) para as falsas, corrigindo a que estiver incorreta em seu caderno:
   ( ) Na primeira metade do século XX, os livros abordavam os conceitos de território, região e paisagem de uma forma diferente

de hoje. Isso acontecia porque, na época, o ensino de Geografia fazia apologia ao Estado.

( ) Faz parte desse pensamento a noção de que não é necessário raciocinar sobre o espaço, mas de inventariá-lo para delimitação do espaço nacional.

( ) O movimento de renovação da geografia a tornou uma matéria pouco objetiva e fragmentada em "ramos" do conhecimento.

( ) A partir do movimento de renovação da geografia, a quantificação e a estatística passaram a constar nos livros didáticos, assim como o conceito de espaço para estudar, principalmente, as relações sociais.

2. Ainda sobre o uso dos livros didáticos, julgue se as afirmações são corretas, marcando (V) para as verdadeiras e (F) para as falsas, justificando-as em seu caderno:

( ) A proposta do livro didático não precisa estar de acordo com os objetivos instituídos pelo professor, pois é no cotidiano que ele adequará o livro aos seus propósitos.

( ) Uma vez que a metodologia das aulas é atribuição do professor, não há necessidade de identificar e considerar o referencial teórico-metodológico do livro didático.

( ) Tendo em vista que os livros didáticos normalmente são escritos para o público nacional, o conteúdo deles não precisa se aproximar do cotidiano.

( ) Como a qualidade do processo de ensino-aprendizagem depende muito mais do professor, podemos adotar qualquer livro didático de geografia, desde que este apresente mapas.

3. No que se refere à representação do espaço, reflita sobre as afirmações a seguir e assinale a alternativa correta:

   I. O raciocínio lógico-espacial no contexto sociocultural da sociedade moderna configura instrumento necessário à vida das pessoas.

II. O uso de mapas proporciona ao aluno atingir uma melhor organização estrutural da concepção de espaço.

III. Para tanto, é necessário que o aluno conheça os mapas, mas não precisa entender o processo de construção e reconstrução deles, pois o objetivo não é formá-lo cartógrafo.

a) Somente a I e a II estão corretas.
b) Somente a I e a III estão corretas.
c) Somente a II e a III estão corretas.
d) Todas estão corretas.

4. Sobre as aquisições metodológicas referentes ao uso de mapas, marque a alternativa **incorreta,** corrigindo-a em seu caderno:
   a) São aquisições simples – conhecer os pontos cardeais e se guiar com uma carta ou mapa rodoviário.
   b) Reconhecer e localizar o relevo e o uso do solo são aquisições médias.
   c) Trabalhar a análise de uma carta com três fenômenos é uma aquisição moderada.
   d) Levantar hipóteses reais sobre a origem de uma paisagem é uma aquisição complexa.

5. Considere os conceitos básicos em cartografia e associe os itens a seguir com as sentenças que seguem. Depois, escolha a alternativa que apresenta a sequência correta:
   I. Mapa
   II. Carta
   III. Planta
   IV. Croqui

   ( ) Entende-se como a representação de áreas pequenas e, nesse caso, a curvatura da Terra não precisa ser considerada; a escala é grande e, portanto, facilita estipular o número e a clareza dos detalhes. Daí tem-se a representação de casas, quarteirões, jardins e arruamentos.

( ) É uma representação dos aspectos naturais e artificiais da Terra, destinada a fins práticos de atividade humana. A escala média ou grande permite a avaliação precisa de distâncias, direções e localização.

( ) É um desenho no qual a fidedignidade escalar não é considerada. Pode ser feito à mão livre um esboço de uma representação.

( ) É a representação gráfica, em geral, numa superfície plana e sob uma determinada escala, com a indicação de acidentes físicos e culturais da superfície da Terra. São elementos fundamentais: o título, a legenda, a escala, a direção, as coordenadas e o ano de elaboração.

a) II, I, III e IV.
b) III, II, IV e I.
c) III, II, I e IV.
d) IV, III, II e I.

Atividades de aprendizagem

Questões para reflexão

1. Disserte sobre a importância da linguagem cartográfica no ensino de Geografia e os benefícios desse aprendizado para a vida do aluno.
2. Pesquise sobre a criança e as relações espaciais topológicas elementares.

Atividades aplicadas: prática

1. Escolha dois livros didáticos de geografia para uma mesma série. Com base nos critérios de escolha, faça uma análise crítica de ambos.
2. Faça um croqui de seu bairro, inserindo os pontos cardeais e colaterais. Anexe-o à primeira atividade da seção "Atividades Aplicadas: Prática" do primeiro capítulo.

Capítulo 5

Neste capítulo, além de fazermos considerações iniciais sobre encaminhamentos e recursos didáticos, organizamos algumas atividades que podem ser usadas pelo professor como apoio metodológico ao planejamento de suas aulas. Dessa forma, tem o propósito de ilustrar nossas colocações a respeito do trabalho docente, considerando a construção do conhecimento. Nossa intenção é de que as atividades sirvam como um incentivo à criatividade do professor, o qual poderá enriquecê-las ou mesmo recriá-las.

Práticas de ensino na Geografia escolar

As propostas ora apresentadas podem ser adaptadas a diferentes níveis de ensino da educação básica. Como já vimos anteriormente, o processo de aprendizagem da Geografia escolar pode ser estimulado com propostas criativas que priorizem a construção do conhecimento, dentro ou fora da sala de aula.

5.1 O conhecimento geográfico construído em sala de aula

De modo geral, a visão que se tem sobre a escola é a clássica imagem de uma sala de aula com professor, quadro-negro e alunos. Mas ser clássico não significa, necessariamente, ser tradicional. Hoje, engajamo-nos em busca de uma escola diferente daquela de duas ou mais gerações anteriores, pautada no método tradicional. Mas, a questão é: Como ensinar Geografia com aulas interessantes se, ao mesmo tempo, esbarramos em dificuldades como a falta de recursos pedagógicos – globo, mapas, equipamentos audiovisuais, de informática, GPS – ou "competimos" com o que as novas tecnologias oferecem aos nossos alunos fora da escola?

O ensino em sala de aula é, na verdade, um grande desafio e exige do professor, além de aulas expositivas dialogadas, uma didática diferenciada, capaz de envolver os seus alunos, fazendo com que eles sejam participativos, críticos e que de fato produzam o saber geográfico escolar.

A observação de diferentes práticas de ensino oriundas também da educação não formal (em movimentos sociais e periferias urbanas) levou Rego (2000) a criar o conceito de **geração de ambiências**. Tornando-se um conceito inspirador de novas práticas, a geração de ambiências significa a melhoria das condições do espaço geográfico que contextualiza a existência humana. Ao mesmo tempo, indivíduos e coletividade, realizadores desse processo, também se modificam com relação à conquista da participação social e na educação para que essa partipação aconteça; o contrário também é verdadeiro, ou seja, o ser humano, ao se modificar, consequentemente modifica o ambiente em que está inserido. A aceitação desse conceito e sua utilização exigiram um suporte teórico mais elaborado (Rego, 2006), sendo incorporados ao conceito original três outros conceitos articuladores:

~ **Relação do meio *em torno* com o meio *entre*:** o meio **em torno** é entendido como um conjunto articulado de relações materiais e, ao mesmo tempo, simbólicas. Esse conjunto de relações, que está em volta, influencia e age sobre o indivíduo e a coletividade. Ao mesmo tempo, o meio **entre** refere-se às mediações dos sujeitos, às relações cotidianas no trabalho, na escola, na família, entre outras. Dessa forma, não é ressaltado apenas o que está ao redor do indivíduo ou da coletividade, mas também o que está no centro, valorizando a perspectiva dos sujeitos, do vivido, em relação ao que está em volta, contextualizando e condicionando suas existências. No ensino-aprendizagem, a ambiência requer que sejam estabelecidos nexos entre ambos os sentidos para o meio, ou seja, entre o meio **em torno** e o meio **entre**.

~ **Hermenêutica instauradora:** reflete os conceitos articulados dos campos do conhecimento, cujo objeto foco de leitura e interpretação, na geografia, é o espaço geográfico. O termo *instauradora*, associado aos sentidos de meio, faz com que os fatos cotidianos do mundo vivido sejam fatos a serem compreendidos e relacionados entre si e entre fatos pertencentes a outras escalas, modificando-os. No ensino-aprendizagem, os objetos são apreendidos, assim como a capacidade de ação dos sujeitos.

~ **Dialógica:** com duplo sentido, designa tanto "diálogo" como "razões divergentes" e, ao mesmo tempo, "complementares". No espaço geográfico, entendido como contextualizador da existência de indivíduos e coletividade, a dialógica se efetiva quando se associam esforços para melhorar o meio físico e simbólico e também em prol da conquista da participação social e da educação.

Esses três conceitos estão implícitos uns nos outros, estando, portanto associados à práxis e no domínio desta (Rego, 2006). Interpretar o mundo ou o espaço geográfico implica uma representação da ambiência, a qual constitui os sujeitos. Essa representação do sujeito ou coletividade é sempre subjetiva e envolve valores e cultura.

A ambiência e as subjetividades podem ser estudadas com as mais diversas metodologias. A maneira mais clássica, porém menos utilizada do que deveria ser, de se trabalhar a representação espacial nas aulas de Geografia é a cartografia. Outra, não menos importante, é a construção de mapas mentais.

A cartografia, além do uso de mapas, globos, cartas e plantas, tem no uso de maquetes uma propriedade que a torna um recurso didático único: a tridimensionalidade. Francischett (2002) argumenta que a **maquete** inclui as categorias **latitude**, **longitude** e **altitude**, e essa tridimensionalidade se torna relevante quando aplicada a projetos interdisciplinares, como aqueles cuja temática envolve questões ambientais.

A confecção de maquetes em sala de aula é um trabalho que pode ser aplicado aos diferentes níveis de ensino – da educação infantil à pós-graduação –, o que difere é a complexidade do espaço a ser representado, que será traduzida pela quantidade e qualidade das informações. Porém, esse trabalho precisa ser orientado pelo professor e exige uma preparação prévia quanto à observação e à percepção do espaço, à proporção, ao tema a ser abordado e aos elementos que serão representados. Além disso, exige organização dos alunos e disponibilidade de material. A maquete possibilita vários usos pedagógicos, desenvolve a socialização, a análise do espaço e um dos elementos mais importantes da linguagem cartográfica: o entendimento da escala.

No entanto, é importante salientar que o uso da maquete vai além de sua confecção: é um recurso para ser explorado antes, durante e após a sua elaboração. Além disso, para uma melhor apreensão do conteúdo, necessita ser feita uma importante complementação relativa à dinâmica da organização do espaço geográfico.

Os **mapas mentais** são representações construídas com base na percepção dos lugares, dos espaços vividos, na experiência cotidiana e na visão de mundo dos indivíduos. Para escalas mais abrangentes, como em nível mundial, os mapas mentais são estabelecidos a partir de informações e representações de terceiros. São amplamente utilizados por pesquisadores que se preocupam em compreender o mundo e os lugares sob a ótica das pessoas que vivem nele. Têm sido também empregados no campo das relações internacionais e no da geopolítica.

São também referidos como *cartas mentais*. Eles constituem uma representação da realidade, uma reconstrução feita através de filtros e processada mediante a relação entre as percepções visuais, auditivas e olfativas, as lembranças, o que está consciente ou inconsciente e, ainda, o pertencimento a um grupo social e cultural (Nogueira, 2002, p. 127).

Como uma metodologia de pesquisa, o mapa mental foi utilizado primeiramente em meados da década de 1970 por Peter Gould e White e, posteriormente, por Antoine Bailly, Yves André, Kevin Lynch, entre outros. Saarinen também fez uso de mapas mentais, na década de 1970, nos EUA, para pesquisar as relações entre as imagens de outros países formadas por indivíduos e as opiniões desenvolvidas sobre esses países e regiões. Constatou que, quando se trata da escala mundial, os indivíduos possuem apenas imagens incompletas, não condizentes com os limites territoriais reais, além de serem imagens estereotipadas, amplamente generalizadas e influenciadas por terceiros, uma vez que ninguém pode apreender um espaço geográfico além da sua própria esfera de ação.

Outra pesquisa desenvolvida no ensino universitário e no ensino médio por Saarinen e outros pesquisadores nas décadas de 1970 e 1980 foi referida por Amorim Filho e Abreu (2002). Entre os resultados dessa pesquisa, destacam-se: várias imagens e representações semelhantes de certos países, ainda que os estudantes pesquisados fossem de diferentes localizações nacionais; uma tendência a exagerar a importância do país natal ou de residência e suas imediações; uma melhor caracterização de países com grandes extensões; a presença de extensos espaços vazios em várias regiões do mundo, caracterizando a pouca importância dada às regiões ou países não representados.

Pesquisas envolvendo imagens e representações com o uso de mapas mentais para temas geopolíticos, ou percepção de paisagens, ou, ainda, percepção espacial atrelada a traços culturais continuaram a ser desenvolvidas nos anos seguintes. Amorim Filho e Abreu (2002) realizaram um estudo sobre os trágicos eventos de 11 de setembro de 2001 nos EUA, procurando relacionar a percepção à geopolítica. Os sujeitos desse estudo foram estudantes universitários de Belo Horizonte, e os instrumentos, um mapa-múndi e um pequeno questionário sobre quais seriam os meios de informação que os estudantes usaram para o acompanhamento do conflito, além de aspectos geográficos da Ásia Centro-Meridional.

Os resultados mostraram que os sujeitos da pesquisa não possuíam conhecimentos satisfatórios da região em conflito, principalmente no período antecedente ao dia 11 de setembro. As fontes de informação mais indicadas foram os meios de comunicação, razão pela qual os autores constataram sua grande influência nos mapas mentais, definindo, assim, ao menos três grandes preocupações: banalização das informações; escolhas inadequadas de informações de fato relevantes por parte dos sujeitos, em função de não terem como referencial um quadro conceitual bem estruturado; risco do excesso de manipulação das informações.

Outra constatação foi a de que o ensino escolar e o universitário não têm atuado na formação, manutenção e ampliação de mapas mentais sobre a região estudada, o que provavelmente se repete para outras regiões do mundo. Isso se deve, em grande parte, ao ensino escolar ter seguido, nos últimos 10 a 15 anos, apenas uma linha teórica – a crítica; a uma minimização de conteúdos da geografia física em favor da geografia humana; ao fato de não se ter trabalhado a geografia regional para caracterização das macrorregiões mundiais; à falta do trabalho envolvendo cartografia e atlas. Para os autores, mapas mentais bem estruturados sobre as regiões do planeta constituem importantes quadros conceituais, necessários ao tratamento de informações com base geográfica para a apreensão do conhecimento.

Esses estudos nos mostram que as responsabilidades do ensino escolar de Geografia são ainda maiores, uma vez que essa disciplina tem a função de orientar formalmente a respeito dos conhecimentos sobre outros países. Essa orientação, juntamente com a mídia, embasa fortemente o imaginário e as representações da sociedade sobre o mundo que lhe é exterior.

Como um recurso didático, o mapa mental pode ser aplicado para o estudo espacial das mais diversas temáticas em geografia, conduzindo debates em todos os níveis de ensino. Eis algumas sugestões para o uso dessa metodologia: geopolítica, organização espacial da cidade e do bairro e qualidade de vida, violência urbana, tribos urbanas e territorialidades, estudo da paisagem, geomorfologia, biogeografia, estudos socioeconômicos, distribuição de indústrias, adensamento populacional, espaços rurais etc.

A seguir, destacamos algumas sugestões de atividades que podem auxiliar o professor em sua prática cotidiana. Cabe salientar que, ao planejar a aula, é importante que o educador estabeleça critérios para a aplicação de determinada atividade, ou seja, que as propostas tenham um objetivo pedagógico claro, estejam contextualizadas ao conteúdo a ser ensinado e, ainda, adequadas ao nível de desenvolvimento cognitivo dos alunos, bem como à sua realidade. Além disso, é importante que os conceitos sejam trabalhados, pois com isso o conteúdo irá se tornar mais concreto para o aluno.

Atividade 1: Mapa mental do planeta Terra

É uma atividade bastante difundida e que pode ser aplicada a qualquer nível de ensino. Pode ser usada, por exemplo, para iniciar uma discussão sobre o ensino voltado à disciplina de Geografia; para conteúdos que o aluno teve contato há pouco tempo; para conteúdos variados de geopolítica e aspectos físicos; para introduzir uma aula sobre projeções cartográficas; ou, ainda, para perceber qual a concepção de geografia aprendida e ensinada nos últimos tempos.

Enunciado: em uma folha em branco, faça um croqui do mapa-múndi. Fazer uso da escrita para identificar lugares interessantes e/ou importantes. Em seguida, elabore um pequeno texto sobre o seu desenho.

Ao término do registro, o professor poderá dar os seguintes encaminhamentos:

- ~ mostrar o mapa-múndi político para que o aluno compare com o seu desenho;
- ~ registrar conceitos ou palavras relacionados com a geografia que forem surgindo nas apresentações;
- ~ verificar nas representações o registro da Oceania, dos polos, da Península Arábica etc.;
- ~ mostrar os planisférios de Mercator, Peters, Robinson e outros, apontando para as diferentes projeções, perspectivas de contexto histórico e usos atuais. Mostrar noções básicas de cartografia quanto à localização e à escala.

Atividade 2: Um lugar significativo para você

Enunciado: representar, por meio de desenho e da escrita, um lugar conhecido/significativo na sua história de vida. Após a apresentação para os colegas, será confeccionado um painel.

Objetivos: identificar como cada um observa, analisa e registra informações e imagens dos lugares que conhecem e discutir como a mídia, a escola e a experiência vivida contribuem na construção desse conhecimento geográfico.

Atividade 3: Meu bairro no mundo

Enunciado: Responda às seguintes perguntas:
~ Onde é o lugar em que você mora?
~ Como ele é? O que aconteceu para ele ter essa organização espacial?
~ Que relações ele estabelece com outros lugares (bairros vizinhos, cidades, estados, países)?

Agora, faça um croqui de seu bairro, desenhando todos os elementos que achar importantes. Insira os pontos cardeais e localize no croqui a sua casa e os trajetos que costuma realizar.

Objetivo: trabalhar o conceito de espaço geográfico e lugar e sua interação com outras escalas.

Atividade 4: Mapa mental para estudo do lugar*

Objetivos:
~ verificar como os alunos percebem a cidade e o que eles conhecem do lugar;

---

* Atividade adaptada de Nogueira (2002).

- levantar problemas sociais e ambientais dos lugares onde vivem os alunos;
- introduzir a noção de escala e proporção;
- promover o interesse pela pesquisa.

Procedimento: solicitar aos alunos que durante 10 dias anotem tudo o que perceberem ao fazer o percurso de ida e volta para a escola (além das edificações percebidas, como casas, igrejas, supermercados e pontos de ônibus, os alunos trazem problemas complexos como drogas, lixo, transporte). Com base nesse levantamento, solicitar que desenhem um croqui do percurso casa–escola.

Debater assuntos que irão surgindo, como a história do bairro, sua infraestrutura e seus problemas. Eleger o principal problema do bairro e iniciar uma pesquisa sobre o que poderia ser feito para saná-lo.

Atividade 5: Leitura e interpretação cartográfica: Brasil físico[*]

Enunciado: ler e interpretar o mapa físico do Brasil conforme o roteiro a seguir.

Objetivo: proporcionar a leitura e a interpretação de mapas, na qual o aluno usará a capacidade de decodificação e (re)codificação de mapas e análise.

Material sugerido: mapas físicos do Brasil (colorido e com escala 1:25.000.000), mapas políticos do Brasil (mesma escala para sobreposição em papel vegetal) e mapas mudos do Brasil (mesma escala).

1. Compreensão do título e verificação da escala.
   - O que significa o título?
   - A escala é grande ou pequena?

---

[*] Atividade adaptada de Almeida e Passini (1991), citadas por Castrogiovanni e Goulart (2003).

~ A escala favorece ou dificulta a leitura?
2. Entendimento da legenda.
    ~ Quais os símbolos e as cores que ela representa?
    ~ É completa? É clara?
3. Observação atenta do mapa a fim de criar setores para a decodificação/descrição.
    ~ Pode ser setorizado a partir das áreas mais elevadas do Brasil.
4. Decodificação do mapa.
    ~ Descrever os símbolos (significantes). Para auxiliar a descrição, pode ser utilizada a sobreposição do mapa político. Nesse caso, por exemplo:
        ~ No extremo Norte do Brasil, encontra-se o Planalto das Guianas, com terras que ultrapassam os 800 metros de altitude. A linha do Equador passa sobre esse planalto que ocupa áreas nos estados do Amazonas, Roraima, Pará e Amapá. Ao Sul do Planalto encontra-se a Planície Amazônica. Ela forma uma extensa faixa quase latitudinal que se estreita junto à foz do Rio Amazonas, o qual percorre a planície no sentido Oeste-Leste. Em sua foz, observa-se um arquipélago. Esse rio apresenta muitos afluentes. Os da margem esquerda nascem no Planalto das Guianas. Os da margem direita, na maioria, nascem no Planalto Central...
5. (Re)construção do mapa.
    ~ Recodificar as informações descritas anteriormente no mapa mudo, sem consultar o mapa inicial, apenas com sua descrição.
6. Comparação entre a decodificação e a (re)codificação.
    ~ Estabelecer as diferenças buscando as justificativas e analisar o fenômeno representado.

Observação: pode-se utilizar outra escala, como a sugerida por Castrogiovanni e Goulart (2003) – 1:46.000.000. Essa atividade é recomendada para o ensino médio, porém pode ser adaptada para outros níveis de ensino. Pode-se também utilizar mapas com outras temáticas, trabalhando-se a espacialização e a interpretação de outros fenômenos.

Atividade 6: Análise cartográfica das regiões geoeconômicas do Brasil[*]

Objetivos:
~ exercitar a leitura de mapas para a interpretação de informações e a obtenção de dados;
~ identificar os complexos regionais, caracterizando-os a partir das informações do atlas;
~ diferenciar os complexos regionais das macrorregiões.

Material sugerido: Atlas Geográfico Escolar (IBGE, 2002)[**], uma folha de papel vegetal tamanho A4, fita adesiva e lápis.

A atividade pode ser realizada conforme o roteiro a seguir. As informações solicitadas nas etapas 3 a 7 a seguir podem ser registradas nos espaços correspondentes ao Quadro 8, mais à frente.

Procedimentos:
1. Posicione o papel vegetal sobre o mapa político do Brasil e copie o contorno do país. Delimite as cinco regiões.
2. Desenhe no seu mapa a divisão regional dos três complexos regionais, baseando-se no mapa **Macrorregiões geoeconômicas**. Destaque com lápis vermelho o limite entre as três regiões. Compare as duas divisões regionais e registre suas conclusões.

---

[*] Atividade adaptada do Cempec (Paraná, 1997).

[**] Essa atividade pode ser realizada com qualquer outro atlas, desde que haja adaptações quanto às escalas e aos títulos dos mapas.

3. Compare o seu mapa com o mapa **Uso da terra**. Identifique os tipos de uso da terra para cada uma das três regiões geoeconômicas e escreva a resposta no Quadro 8 a seguir.
4. Sobreponha o seu mapa ao mapa **Distribuição espacial da indústria**. Proceda conforme as solicitações que seguem e anote as respostas no Quadro 8:

    a) identifique onde há maior concentração industrial;

    b) em que regiões há outras concentrações industriais;

    c) ao observar os mapas dos **Principais setores industriais**, indique os tipos de indústrias que aparecem em localidades onde a industrialização é pequena.

5. Sobreponha o seu mapa ao mapa **Distribuição da população**. Anote no quadro as informações sobre a distribuição da população para cada uma das macrorregiões.

    Proceda da mesma forma com o mapa **Redes de transporte**. Anote no quadro as seguintes informações:

    a) indique, para cada região, se a malha das rodovias é muito, pouco ou medianamente densa;

    b) faça o mesmo para as ferrovias;

    c) identifique nos rios onde há trechos navegáveis;

    d) identifique também os portos principais.

6. Por fim, sobreponha seu desenho ao mapa **Ocupação da terra pela agropecuária**. Depois, sobreponha-o ao mapa **Urbanização**. Identifique os principais tipos de ocupação no espaço geográfico, relacionando ambos os mapas, e registre no Quadro 8.
7. Com base nas informações que você anotou no Quadro 8, elabore uma síntese sobre o que caracteriza cada complexo regional.

Quadro 8 – Características gerais dos complexos regionais

Amazônica	
Uso da terra	
Indústria	
População	
Circulação	
Ocupação do espaço	
Nordeste	
Uso da terra	
Indústria	
População	
Circulação	
Ocupação do espaço	
Centro-Sul	
Uso da terra	
Indústria	
População	
Circulação	
Ocupação do espaço	

Faz-se necessária uma complementação do conteúdo relativo às diversidades existentes dentro de cada uma das regiões, uma vez que elas não estão isoladas, mas se relacionam por meio do comércio, das migrações, dos serviços etc.

Além das temáticas abordadas no roteiro, pode-se trabalhar: assentamentos rurais, concentração da terra, modernização da agricultura, desigualdade social, rendimento, ensino, saneamento básico, turismo etc.

Avaliação: discutir com a turma as sínteses elaboradas. Em seguida, os alunos podem redigir um texto caracterizando a região da qual seu estado faz parte e as relações desta com o Brasil.

5.2 O lúdico nas aulas de Geografia

Propiciar situações lúdicas na escola favorece o desenvolvimento de habilidades necessárias para a construção do conhecimento. Elas envolvem ações estratégicas, emoção e raciocínio lógico, estimulam a imaginação e favorecem também a ação educativa do professor em sala de aula.

Entretanto, geralmente, há certa resistência por parte de profissionais da educação em usar o lúdico como recurso pedagógico, pois os resultados, muitas vezes, não acontecem como o esperado. Diante disso, o leitor pode estar se perguntando: Mas por que isso ocorre, já que o lúdico é um recurso tão atrativo?

Um dos motivos encontra-se no fato de que os jogos e as brincadeiras podem provocar conflitos de ordem cognitiva, afetiva, motora ou social, tal qual é a realidade de nossos alunos. Porém, esses conflitos precisam ser encarados como uma expressão deles e cabe ao professor observar e mediar a situação ocorrida*. Por isso, voltamos a insistir na necessidade de se ter um planejamento claro e bem elaborado. A seguir apresentamos um exemplo de atividade lúdica desenvolvida com alunos do ensino médio.

Atividade 7: Construindo jogos educativos de geografia

Objetivos:
- identificar o tema proposto (diz respeito ao conteúdo que o professor vai trabalhar. Por exemplo: identificar o relevo brasileiro ou, ainda, as paisagens morfoclimáticas do Brasil);
- desenvolver a criatividade e o raciocínio lógico;
- promover a socialização.

* Para aprofundamento do assunto, consultar Rau (2007) e Kishimoto (1997).

Enunciado: em grupos, elaborem um projeto de um jogo educativo sobre determinado conteúdo (exemplo: relevo e hidrografia do Brasil), conforme o modelo a seguir. Posteriormente, cada grupo deverá executar o seu projeto.

Estrutura do projeto do jogo educativo

- Título (nome do jogo).
- Justificativa (para que elaborar um jogo sobre o relevo e/ou a hidrografia do Brasil).
- Material a ser utilizado.

O Jogo

- Cronograma coletivo.
- Faixa etária a que se destina o jogo.
- Execução (como se joga).
- Regras do jogo.

Avaliação: a turma pode brincar com os jogos elaborados fazendo rodízio entre os grupos. Ao mesmo tempo em que brincam e apreendem o conteúdo, os alunos testam a validade dos jogos. Pode-se atribuir pesos para o projeto, a funcionalidade/lógica, a criatividade/originalidade, a atratividade e a estética.

Observação: aplicamos essa atividade em turmas do segundo ano do ensino médio. Desde o início, os alunos ficam entusiasmados para desenvolvê-la, porém é uma atividade trabalhosa e que precisa de acompanhamento constante. Embora os alunos se dediquem ao estudo do conteúdo proposto para a atividade (e de algumas convenções, para jogos cartográficos), à elaboração do projeto e à confecção do jogo, faz-se necessário introduzir o conteúdo antes de propor a atividade e retomá-lo ao final dela, a fim de dar a eles noções sobre o assunto.

5.3 A arte como recurso metodológico

O universo da arte é riquíssimo para se trabalhar conteúdos geográficos, pois as metodologias vão desde as artes visuais até as cênicas e as plásticas. É uma infinidade de opções e muitas delas também estão relacionadas ao lúdico. Por ser um campo que tem sido bastante explorado em manuais dos livros didáticos, consideramos desnecessário incluir atividades nesse item.

Entretanto, para realizar atividades empregando as metodologias da arte, o professor precisa ter clareza dos objetivos que quer atingir, como é necessário em qualquer outro recurso pedagógico.

Assim, desde que inseridos adequadamente em um planejamento, a utilização de música (interpretação, paródias), expressão corporal (dança, dramatização), poemas, gibis, fotografias e ensaios fotográficos (através do olhar e das lentes das câmeras dos alunos, ou seja, do que ele pode perceber da paisagem), charges e tantas outras opções é estratégia para sensibilizar o aluno a respeito de um determinado conteúdo geográfico, para introduzi-lo ou aprofundá-lo em reflexões críticas. Esses recursos podem ser ainda utilizados como atividade complementar. Muitos deles estão presentes em nosso cotidiano e remetem ao espaço vivido, o que torna o conteúdo mais significativo.

Por outro lado, o estudo do espaço vivido e concebido, da paisagem, da sabença popular, de hábitos, costumes e folclores encontra, por meio da arte, uma linguagem que se aproxima do aluno. Nessa dimensão, músicas, poemas e fotografias, além de contextualizarem social e geograficamente, constituem uma expressão da afetividade humana com o lugar, seja topofílica ou topofóbica. A música, em especial a popular, pelo fato de estar mais presente no dia a dia, pode tornar a aprendizagem mais prazerosa, uma vez que é um hábito comum ouvi-la. Ela pode ser aplicada ao estudo das relações sociais e espaciais, tomando cuidado para que não se perca a dimensão da realidade. Ao retratar o cotidiano, e sendo uma representação do imaginário coletivo, a música pode levar à compreensão da diversidade das práticas sociais, da organização e (des)construção espacial e das territorialidades. Por meio da arte pode ser explorada uma variedade de conteúdos: a cidade e o caos, os contrastes sociais, a globalização e os movimentos resistentes, as transformações espaçotemporais; as migrações, os refugiados de guerras, os refugiados do clima, além de temas transversais, como sexualidade, violência e drogas.

5.4 As tecnologias, o uso das imagens e os recursos audiovisuais

Quando o assunto são as modernas ferramentas tecnológicas, como a utilização de GPS, recursos de multimídia e de *softwares*, entre outras, normalmente a sensação é de que elas são atributos da geração de nossos alunos e que, em muitos casos, são eles que dominam esses modernos aparelhos e tecnologias. Devemos admitir que isso ocorre em grande parte das situações, porém lembrando sempre de que os avanços tecnológicos foram possíveis graças aos avanços científicos e técnicos de até então.

Mas o fato é que o educador também vive esse momento tecnológico global e, portanto, só lhe resta se inserir nessa realidade para não correr o risco de ficar obsoleto. No ensino de Geografia, como em outros campos, podemos empregar *softwares* educativos, jogos pedagógicos e estimular pesquisas utilizando a internet. Caso a escola disponha desse recurso, é necessário que o professor oriente e acompanhe as pesquisas feitas na *web*, mostrando aos alunos uma utilização mais ampla e valiosa dessa ferramenta.

A mídia exerce forte influência sobre a sociedade a ponto de ser responsável, em grande parte, pela identidade de nossos alunos. Por isso, ao pensarmos no uso da mídia como recurso, nosso papel como professores é imbuir-nos de uma postura extremamente comprometida, apreciando previamente esse recurso, zelando para não cairmos no senso comum.

De um modo geral, em razão de toda tecnologia surgida no campo da mídia e em áreas comuns, as crianças, os adolescentes e os jovens de hoje são considerados a *geração da imagem*, e o mundo das imagens é um mundo sedutor. Não há, portanto, como negar seu uso, seja através da televisão, do computador ou das artes no processo de ensino-aprendizagem. O que não podemos deixar é que nossos alunos tenham uma postura passiva e simplesmente absorvam tudo da forma como lhes é apresentado. Nesse caso, o papel do professor é levar o aluno a desenvolver um senso crítico diante das informações que recebe.

Chamamos, pois, a atenção para o trabalho com recursos audiovisuais, como telejornais ou documentários. As matérias exibidas, em geral, mostram uma das faces da realidade de um lugar que, às vezes, trazem um discurso tendencioso, estereotipando grupos sociais. Nosso aluno está preparado para refletir sobre tais discursos sem tomá-los por verdade absoluta?

Quando utilizamos filmes como recurso metodológico, precisamos verificar que tipos de imagens eles contêm, no sentido de atentar a que informações elas se referem.

Nesse sentido, Farges e Wallet, citados por Barbosa (2007, p. 117), sugerem três filtros para a leitura de imagens cinematográficas sob o ponto de vista da geografia: "a autenticidade das paisagens apresentadas; o etnocentrismo e os arquétipos de figuração; a subjetividade do autor na narração e na escolha dos enquadramentos do espaço representado".

Com relação ao primeiro filtro, Barbosa (2007) afirma que, na maior parte dos filmes, o cenário não é situado no lugar real onde se passa a trama, como no caso da "paisagem-tipo" dos filmes *western* (sobre o *Far West*, o Oeste americano). Nesses filmes, o importante é ter como cenário paisagens de planícies e desertos e, portanto, as gravações são realizadas no Sul, no Norte e no Nordeste dos EUA e, até mesmo, no Sul da Espanha, valendo a opção econômica ou a estética das cenas. Para o autor, nesse caso, os desertos e as planícies não são coisas em si, mas expressões que "significam", que simbolizam a força mítica da conquista da fronteira no imaginário da sociedade norte-americana. São também símbolos de uma tradição de veneração ao sonho americano, necessário à hegemonia cultural branca e anglo-saxã, em um país de imigrantes das mais distintas nacionalidades.

Nas palavras do autor:

> *Pouco importa a latitude empírico-formal das locações, o que é indispensável é a espetacularização cenográfica que a paisagem possa transferir à sua cópia e emprestar seu testemunho histórico à imagem da tela. Outra cartografia ganha vida balizada pela indissociável relação entre a geografia e a ideologia na instituição da identidade nacional norte-americana. A paisagem geográfica nada mais é do que um campo de significação sociocultural e, nos seus simulacros, ainda pulsam, mesmo que debilmente, as contradições do imaginário que atribuiu (e ainda atribui) o sentido de sua historicidade.* (Barbosa, 2007, p. 119-120)

Assim, quando o sentido da visão captura a imagem da paisagem na tela, essa paisagem, segundo o autor, torna-se signo:

> *Sob tais condições o sentido da paisagem no âmbito da ciência geográfica fica abalado, uma vez que a paisagem foi tradicionalmente definida como aquilo que o olho vê, ou seja, encerrada nos marcos de uma concepção empiricista do real. [...] a autenticidade da imagem, não é mais garantia para compreender o mundo em que vivemos, profundamente marcado pela estetização e simulação do império da imagem. Por outro lado, qual poderia ser a medida da duração material da paisagem,*

diante de um mundo marcado por mudanças velozes e quando o próprio espaço geográfico se define pela fluidez. (Barbosa, 2007, p. 120)

No segundo filtro, há, no etnocentrismo e nos arquétipos de figuração, a reprodução de estereótipos, os quais têm a função de homogeneizar o mundo, passando uma visão reducionista e preconceituosa das sociedades não ocidentalizadas. Barbosa (2007) inclui aqui filmes como *Montanhas da lua, A sombra e a escuridão* e *As minas do rei Salomão*, cujas histórias se passam em lugares misteriosos e hostis, normalmente florestas africanas, e que precisam ser colonizados por um herói, aventureiro, branco e ocidental. Da mesma forma, o autor critica os documentários da *Geográfica Universal*, os quais, segundo ele, buscam por "povos esquecidos das florestas equatoriais" com uma visão pseudorromântica, num esforço de uma descrição neutra do olhar curioso para o exótico, ou seja, numa visão desqualificadora de experiências socioculturais diversificadas.

O terceiro filtro, por sua vez, envolve a construção subjetiva do autor na narrativa e nos enquadramentos do espaço de representação. Segundo Harvey, citado por Barbosa (2007), a forma de mostrar o espaço influencia profundamente o modo como interpretamos e agimos em relação ao mundo. Assim, Barbosa (2007) analisa as expressões *alto/baixo, vertical/horizontal, perto/longe* no cinema. O alto é o lugar ideal para cenas românticas, enquanto o baixo, debaixo da ponte, o lugar para assassinatos. A verticalidade é representada na visão panorâmica de uma grande cidade norte-americana, que pode ser vislumbrada, por exemplo, através da janela do escritório de um executivo bem-sucedido. Os arranha-céus são vistos de qualquer ponto do horizonte e se referem à hegemonia e à riqueza dessa sociedade. Os maus são atirados à superfície, isto é, à vida cotidiana.

Essas são preocupações que, entre outras, evidenciam o papel do professor ao fazer uso dos recursos audiovisuais. Essa prática deve levar o aluno a refletir sobre as diversas situações que a mídia imponentemente lhe apresenta.

5.5 Aulas de campo

Por acaso você já passou pela experiência de passar férias no litoral sem ter dias ensolarados? É possível se divertir, mas não tem o mesmo sabor.

Assim são as aulas de Geografia sem as saídas a campo. A aprendizagem ocorre mesmo com outros recursos, entretanto, nada se compara ao aprendizado *in loco*. Como vimos no Capítulo 2, em campo, no contato direto com o espaço objeto de estudo, o aluno amplia sua capacidade de construção do conhecimento, uma vez que percebe o espaço geográfico, vivenciando-o. Além disso, sai de sua rotina de estudos, o que estimula a criatividade e o raciocínio.

Freire (1996) analisa a compreensão de mundo do sujeito (aluno) sob o viés fenomenológico. Para o autor, a compreensão crítica do mundo ocorre dialeticamente, numa situação em que o sujeito não age como expectador, mas compreende o que está no seu entorno, o que lhe é exterior, segundo a sua maneira de pensar e agir, ou seja, de acordo com a sua visão de mundo.

Assim, num estudo cuja temática seja a qualidade ambiental de um lugar (como o bairro em que se localiza a escola), o que está por trás da análise vai além do espaço aparentemente externo ao aluno, inclui um espaço no qual ele é, de fato, sujeito e, portanto, precisa incluir-se na dimensão dessa análise. Nessa medida, o aluno deterá sua percepção em alguns objetos, em detrimento de outros. Quais seriam esses objetos, e consciente ou não, o que o leva a tal seletividade? Como o aluno se relaciona cotidianamente com esse espaço vivido e que experiências individuais ou grupais teve com esse espaço? Graças a reflexões e trocas com outros alunos sobre o espaço em análise, existe a possibilidade de surgirem novos significados, nova compreensão e, portanto, ocorre uma (re)construção do conhecimento, resultando, possivelmente, em novas atitudes para com o ambiente.

A aula de campo ou trabalho de campo é uma prática fundamental para a compreensão do espaço geográfico, para aproximar o aluno da realidade e para que ele constate que aquilo que é trabalhado em sala de aula de fato existe no espaço, dando significado ao conteúdo. Como toda aula, o trabalho de campo necessita de um planejamento.

O início do planejamento de um trabalho de campo é semelhante ao de uma aula teórica, mesmo porque o conteúdo tratado em campo precisa ser abordado previamente em sala de aula. Nesse caso, faz-se necessário pensar sobre qual conteúdo será tratado, quais são os objetivos a serem atingidos, os procedimentos que serão adotados, o que será feito em sala de aula e o que será feito em campo, as atividades que serão realizadas, os recursos e as referências a serem utilizados, como será avaliação da aprendizagem e se tudo isto está adequado ao perfil dos alunos (idade, cognição, cultura etc.). Para a escolha do destino, é necessário pensar sobre qual é o lugar mais adequado para o esclarecimento de aspectos relativos ao conteúdo e se você conhece o lugar em questão.

Além disso, há uma organização para o trabalho de campo na qual o ideal é que se tenha o auxílio da equipe pedagógica: autorização dos responsáveis, agendamento do local, transporte, previsão meteorológica, roteiro detalhado (com horários de saída, chegada e, inclusive, de pontos de parada); itens nem sempre necessários quando o trabalho de campo é feito a pé e em locais de livre acesso.

Um importante aspecto a ser considerado e previsto no planejamento é que uma aula de campo abrange um **momento anterior** a ela, quando há uma preparação dos alunos; um **momento durante** o campo, no qual os alunos vivenciarão novas experiências e terão a possibilidade do desenvolvimento cognitivo, afetivo, social e psicomotor; e um **momento posterior**, no qual os conteúdos e conhecimentos são sistematizados.

A preparação dos alunos vai além da abordagem prévia do conteúdo, envolvendo:

- ~ orientações sobre o que é um trabalho de campo e para que realizá-lo;
- ~ discussão sobre o roteiro – destino e trajeto (estar aberto a sugestões dos alunos), data e horários; pode ser feita uma pesquisa cartográfica sobre o local de destino e o trajeto a ser percorrido, resultando em um croqui para o campo;
- ~ orientações sobre a organização para o campo (roupas, calçados, alimentação e equipamentos adequados, destino dado ao lixo gerado pelo grupo, respeito ao próximo);
- ~ orientações sobre como se comportar durante o campo (há especificidades a serem atendidas conforme o local de destino);
- ~ deixar claro quais serão as atividades a serem desenvolvidas (ex.: coleta de amostras, fotografias, filmagens, depoimentos, desenhos, mapas mentais), os resultados esperados, como os alunos serão avaliados.

No momento posterior ao campo, há várias formas de se trabalhar o que foi visto. As percepções dos alunos podem ser registradas no quadro-negro e, posicionados em círculo, aberto o espaço ao debate, às dúvidas, à troca de informações, à apresentação do material eventualmente produzido e coletado, de seminários e de propostas para melhoria do espaço visitado, entrelaçando tudo o que foi visto e registrado ao conteúdo proposto, sistematizando o conhecimento, conforme planejado.

A aula de campo é também uma oportunidade para a prática interdisciplinar, na qual professores de outras áreas do conhecimento podem participar de todos os momentos que envolvem a aula, inclusive de seu planejamento.

Atividade 8: Guia de percurso urbano*

Enunciado: durante uma aula (aproximadamente 40 a 50 minutos), vamos percorrer as ruas ao redor da escola (o professor precisará elaborar um roteiro prévio, calculando o tempo e verificando as ruas estratégicas). Em grupos de cinco ou seis alunos, elaborem um croqui do caminho percorrido a partir do que vocês perceberem. Para isso, cada grupo deverá eleger dois membros para fazer o registro (escrita e croqui) durante o percurso. Os demais serão os observadores que passarão as informações para os que farão o registro.

Material: papel sulfite, transparências, canetas para retroprojetor, fotografia aérea e planta do bairro onde se localiza a escola.

Avaliação: pode ser a partir de uma discussão do que foi apreendido pelo grupo e/ou de um relatório. Outra avaliação também pode ser feita durante o trabalho de campo. A seguir, apresentamos um modelo genérico de relatório.

Relatório de campo

1. Título do trabalho.
2. Introdução (local de realização da aula, data, objetivo do estudo etc.).
3. Desenvolvimento da aula.
4. Relação e interpretação do que foi visto em campo com a bibliografia pesquisada.
5. Conclusão ou síntese dos fatos mais importantes.
6. Referências bibliográficas.

Observação: os conceitos cartográficos envolvidos precisam ser trabalhados antes da saída a campo. Para a elaboração do relatório, a

---

* Atividade adaptada de Gelpi e Schäffer (2003).

atividade poderá ser enriquecida com uma pesquisa mais aprofundada, incluindo aspectos históricos, culturais, sociais, naturais e econômicos do bairro. Sugerimos que, a partir dessa estrutura de relatório, o professor formule perguntas específicas sobre a aula de campo (tanto relativas aos procedimentos realizados e aos caminhos percorridos quanto ao conteúdo), as quais auxiliarão o aluno na elaboração do relatório.

Síntese

~ O trabalho em sala de aula exige, além de aulas expositivas dialogadas, didática diferenciada, capaz de envolver os alunos, fazendo com que eles sejam participativos, críticos e que de fato produzam o saber geográfico escolar.
~ O uso de recursos audiovisuais deve levar o aluno a refletir sobre o que a mídia lhe apresenta.
~ A aula de campo é uma metodologia muito rica na disciplina de Geografia. Um bom planejamento desse recurso precisa compreender três momentos: antes, durante e depois do campo.

Atividades de autoavaliação

1. Em relação ao trabalho com maquete, avalie se as afirmações a seguir são verdadeiras (V) ou falsas (F), corrigindo a(s) incorreta(s) em seu caderno:
   ( ) A maquete é uma representação tridimensional do espaço. É um recurso que em algumas situações da aprendizagem possui mais eficácia que o mapa.
   ( ) Não pode ser desenvolvido na educação infantil e séries iniciais, porque as crianças não têm as habilidades necessárias para produzir ou interpretar as maquetes.

( ) Precisa ser orientado pelo professor e exige uma preparação prévia quanto à observação do espaço, à proporção e ao tema a ser abordado.

( ) É um recurso que precisa ser explorado antes, no decorrer e após a sua confecção.

2. Como podemos encaminhar o trabalho com mapas para iniciar os alunos no trabalho com a linguagem cartográfica? Explique sua resposta em seu caderno:
   a) Solicitar que copiem o contorno do mapa e depois o pintem.
   b) Pedir para que observem o mapa com atenção e memorizem as informações nele contidas.
   c) Trabalhar com sobreposições, relacionando mapas.
   d) Trabalhar primeiramente orientação e localização.

3. Ainda sobre trabalhos com a linguagem cartográfica, analise as sentenças a seguir, marque a alternativa correta e justifique sua resposta em seu caderno:
   I. A maquete é limitada como recurso didático porque não dá ao aluno a mesma noção de escala propiciada pelos mapas.
   II. A interpretação a partir de mapas sobrepostos é uma atividade com um grau de complexidade maior, por isso é uma proposta mais adequada para alunos que já saibam ler mapas.
   III. O aluno do ensino fundamental, iniciante na linguagem cartográfica, deve primeiramente realizar atividades que envolvem escalas mais próximas (o bairro, a cidade) para, posteriormente, realizar atividades com escalas distantes (nacional, global).
   a) Somente a I e a II estão corretas.
   b) Somente a I e a III estão corretas.
   c) Somente a II está correta.
   d) Somente a II e a III estão corretas.

4. Sobre o uso de recursos audiovisuais nas aulas de Geografia, reflita sobre as afirmações que seguem e assinale a alternativa correta:
   I. É preciso atentar para a autenticidade das paisagens apresentadas.
   II. No cinema, é comum a reprodução de estereótipos, os quais têm a função de homogeneizar o mundo, passando uma visão reducionista e preconceituosa das sociedades não ocidentalizadas.
   III. A forma de representar o espaço influencia profundamente o modo como interpretamos o mundo e agimos nele.
   a) Somente a I e a II estão corretas.
   b) Somente a I e a III estão corretas.
   c) Somente a II e a III estão corretas.
   d) Todas estão corretas.

5. Quanto ao trabalho de campo na Geografia escolar, marque a alternativa **incorreta** e justifique sua resposta em seu caderno:
   a) O aluno costuma reagir positivamente, pois sai da rotina do ambiente escolar.
   b) Na preparação da aula, o professor deve pensar sobre a adequação ao conteúdo, o que e como investigar.
   c) Na preparação da aula, o professor deve refletir, ainda, sobre como orientar os alunos para a elaboração e a forma como devem expressar a síntese final dessa atividade.
   d) O trabalho de campo não precisa ser avaliado porque o maior propósito dessa atividade é aprender numa situação de lazer.

Atividades de aprendizagem

Questões para reflexão

1. Pesquise sobre as novas tecnologias no ensino de Geografia e reflita sobre como utilizá-las, objetivando uma aprendizagem crítica acerca do espaço geográfico.
2. Como encaminhar uma aula usando a ferramenta *Google Earth*, de forma a não se ater à descrição e à localização espacial?

Atividades aplicadas: prática

1. Escolha uma das atividades propostas neste capítulo e desenvolva-a. Se possível, aplique em uma sala de aula. Nesse caso, observe com detalhes o seu andamento e, após isso, registre o que julgar relevante. Os registros podem ser relacionados ao nível de aceitação da turma, a uma adaptação no que diz respeito à série ou ao conteúdo abordado ou, ainda, ao plano de aula – se a atividade estava adequada, ou se há, por exemplo, necessidade de se repensar o planejamento.
2. Desenvolva a atividade do mapa mental do planeta Terra e, depois, de seu município, indicando os bairros deste.

Capítulo 6

Neste capítulo, iremos explorar aspectos relativos à avaliação para a educação básica. Elaborar uma avaliação requer decisões difíceis de serem tomadas, uma vez que o professor precisa considerar a totalidade do processo de ensino-aprendizagem referente ao conteúdo a ser avaliado. Uma dessas decisões diz respeito ao julgamento de valor do conteúdo ensinado; outra, a que conteúdos avaliar com objetividade ou, ainda, se a partir da forma de encaminhamento do conteúdo é possível elaborar uma avaliação. Diante disso, estabelecemos questões que estão por trás da prática avaliativa: O que avaliar? Por quê? Como? Que critérios usar? Quando avaliar?

Avaliação da aprendizagem

6.1 Conceitos e funções da avaliação

Na literatura relativa à avaliação da aprendizagem, podemos encontrar muitos conceitos sobre avaliação que variam conforme a concepção de cada autor. Para Sarubbi, citado por Turra et al. (1995), a avaliação da aprendizagem é um processo complexo, pois requer a elaboração de objetivos e instrumentos para que se obtenham os resultados esperados. Estes, por sua vez, devem ser interpretados e essa análise precisa evidenciar até que ponto os objetivos foram atingidos, devendo-se formular um julgamento.

Numa outra perspectiva sobre a prática avaliativa, Nilo, citado por Lima (1994), mostra que as avaliações na América Latina são reproduções das práticas desenvolvidas nos Estados Unidos e na Europa e defende uma avaliação em concordância com as especificidades de cada cultura.

> A educação é um fenômeno cultural. É um produto de determinada cultura, isto é, da interação dialética entre homens concretos, perante situações concretas. A avaliação, a ação avaliativa, mais do que a educação, é de um significado cultural profundo: é elo entre a educação e a cultura, já que se refere – necessariamente – aos valores (axiologia) de uma cultura e à maneira como esses valores são aceitos. (Lima, 1994, p. 93)

Na definição de Luckesi, citado por Libâneo (1994), a avaliação é parte do processo de ensino e sua finalidade é verificar e qualificar os resultados obtidos e determinar a correlação destes com os objetivos propostos. Sendo assim, deve orientar decisões com base nas atividades didáticas seguintes.

> A avaliação é uma apreciação qualitativa sobre dados relevantes do processo de ensino e aprendizagem que auxilia o professor a tomar decisões sobre o seu trabalho. Os dados relevantes se referem às várias manifestações das situações didáticas, nas quais o professor e os alunos estão empenhados em atingir os objetivos do ensino. A apreciação qualitativa desses dados, através da análise de provas, exercícios, respostas dos alunos, realização de tarefas, etc., permite uma tomada de decisão para o que deve ser feito em seguida. (Libâneo, 1994, p. 196)

Com base nesse conceito, a avaliação da aprendizagem verifica, qualifica e aprecia qualitativamente os resultados obtidos, relacionando-os com os objetivos propostos. Portanto, de acordo com Libâneo (1994, p. 196), estão atreladas à avaliação três ações:

1. *Verificação: coleta de dados sobre o aproveitamento dos alunos, através de provas, exercícios e tarefas ou de meios auxiliares, como observação de desempenho, entrevistas, etc.*

2. *Qualificação: comprovação dos resultados alcançados em relação aos objetivos e, conforme o caso, atribuição de notas ou conceitos.*

3. *Apreciação qualitativa: avaliação propriamente dita dos resultados, referindo-os a padrões de desempenho esperados.*

No entendimento de Perrenoud (1999), a avaliação é um meio para constatar se os alunos adquiriram os conhecimentos propostos e não um objetivo em si. Todavia, o autor recomenda que, ao ensinar, é necessário se ter uma ideia muito clara da forma de avaliação dos conhecimentos, pois isso impede uma ruptura entre os conteúdos, as formas de ensino e as exigências no momento da avaliação. Em última circunstância, essa relação torna-se uma **perversão**: o ensino torna-se apenas a preparação para a próxima prova.

Em vista dessas definições, perguntamo-nos: Qual é, de fato, a função da avaliação no processo de ensino-aprendizagem?

As funções da prática avaliativa se dividem em **gerais** e **específicas**. De acordo com Turra et al. (1995, p. 178-179), as **gerais** consistem em "fornecer as bases para o planejamento; possibilitar a seleção e a classificação de pessoal (professores, alunos etc.); ajustar políticas e práticas curriculares". Já as **específicas** se referem a "facilitar o diagnóstico (diagnóstico); melhorar a aprendizagem e o ensino (controle); estabelecer situações individuais de aprendizagem; promover, agrupar alunos (classificação)".

O quadro a seguir apresenta as funções específicas da avaliação.

Quadro 9 – Funções específicas da avaliação da aprendizagem

Pedagógico--didática (bases para o planejamento)	Papel da avaliação no alcance dos objetivos gerais e específicos da educação escolar, no âmbito das finalidades sociais de ensino, preparação dos alunos para enfrentarem as exigências da sociedade, de inserção dos alunos no processo global de transformação social e favorecimento de meios culturais de participação ativa nas diversas esferas da vida social.
Diagnóstico (facilitar o diagnóstico)	Permite identificar progressos e dificuldades dos alunos e a atuação do professor para melhor cumprir os objetivos. No cotidiano escolar, a função de diagnóstico é a mais importante por possibilitar a avaliação do cumprimento da função didático-pedagógico e dar sentido pedagógico à função de controle. Ocorre no início (sondagem quanto às condições prévias e conhecimentos dos alunos), durante (acompanhamento do progresso dos alunos, esclarecendo dúvidas e os estimulando, ao mesmo tempo em que o professor recebe informações sobre o andamento de seu trabalho) e no final da unidade ou do bimestre, (sendo também um processo de realimentação).
Controle (melhorar o ensino e a aprendizagem)	Refere-se aos meios e à frequência das verificações e da qualificação dos resultados escolares, possibilitando o diagnóstico das situações didáticas. Há um controle sistemático da interação professor-aluno, no decorrer das aulas, por meio das atividades, na qual o professor observa o desenvolvimento e a assimilação dos conhecimentos pelos alunos. Nessa função, os resultados não devem ser quantificados.
Classificação (promover, agrupar alunos)	Classificar o aluno segundo o nível de aproveitamento, ou rendimento alcançado, em comparação ao grupo da classe. Exemplos nesse sentido são de fácil constatação: em nossos sistemas de ensino, é com esse propósito e essa função que geralmente a avaliação é utilizada. Quando o aluno recebe uma média 8, 9, ou um conceito A, B, C, isso ocorre em consequência da avaliação com função de classificação.

Fonte: Adaptado de Libâneo, 1994, p. 196-197 e Turra et al., 1995, p. 181.

Na função **diagnóstico**, o objetivo é verificar a presença ou a ausência de habilidades e identificar as causas das dificuldades na aprendizagem. Na função **controle**, o professor acompanha a aprendizagem no desenvolvimento das atividades e tem a possibilidade de reformular a organização do ensino e aplicar técnicas de recuperação da aprendizagem. Tanto a função **diagnóstico** quanto a função **controle** avaliam os aspectos cognitivo, afetivo e psicomotor.

Já a prática avaliativa em nossas escolas está fundamentada na função **classificação**, na qual, em geral, avalia-se principalmente o aspecto cognitivo. O afetivo e o psicomotor raramente são considerados. O propósito dessa função é classificar os alunos no final do semestre ou do ano, de acordo com o nível de aproveitamento.

Somadas a essa visão equivocada de avaliação, constata-se comumente práticas avaliativas que seguem a lógica da relação de poder: o professor usa a avaliação como uma ameaça aos alunos indisciplinados e/ou desatentos, gerando sentimentos como medo, ansiedade, raiva e descaso, banalizando esse momento tão rico do processo de ensino-aprendizagem. Avalia para cobrar e até para punir, e não para aprimorar as metodologias e encaminhamentos com uma reflexão dos resultados alcançados. A avaliação necessita ser aplicada continuamente, para, inclusive, promover a aprendizagem. Sob hipótese alguma deve ser um instrumento de poder.

6.2 Modalidades e etapas

O termo *modalidades de avaliação* foi empregado por Turra et al. (1995) para especificar a forma de organização ou, ainda, os tipos de avaliação. As autoras atentam para o fato de que as denominações fazem referência à função que as avaliações assumem.

Quadro 10 – Modalidades de avaliação

Diagnóstica (função diagnóstico)	Envolve descrição, classificação e determinação de um valor de algum aspecto do comportamento. Está relacionada a uma metodologia do diagnóstico. Uma forma de diagnosticar é determinar o grau em que um aluno domina os objetivos para iniciar um conteúdo, uma disciplina. Outra é verificar o conhecimento prévio para orientá-lo a novas aprendizagens. Ou, ainda, constatar interesses, necessidades, possibilidades, insuficiências, dificuldades etc. É diferente das demais e, ao mesmo tempo, vincula-se a elas.
Formativa (função controle)	Com essa avaliação, professores e alunos asseguram o alcance dos objetivos, desde que tenham claro aonde querem chegar e o modo como fazer. Para que se processe a avaliação formativa, é necessário, entre outros aspectos: formular os objetivos com vistas à avaliação, em termos de comportamento observável; tomar como referência um esquema teórico que facilite a identificação precisa de áreas de dificuldades; utilizar a informação para corrigir insuficiências ou reforçar comportamentos bem-sucedidos.
Somativa (função classificação)	Classificatória ou tradicional. É um processo de descrição e julgamento para classificar os alunos ao final do bimestre, unidade, ano. Requer a definição de objetivos (normalmente é feito em termos de conteúdos) e procedimentos de medida (provas, testes etc.)

Fonte: Adaptado de Turra et al., 1995, p. 183-186.

Lima (1994) sustenta que a avaliação em forma de diagnóstico tem origem na psicologia genética, quando Piaget estudou a construção progressiva das estruturas mentais. Esse procedimento constituiu um novo paradigma no que diz respeito à maneira de perceber o desenvolvimento cognitivo, levando à busca da compreensão das estruturas utilizadas pelo pensamento na resolução dos problemas e não a focalizar os resultados "objetivos" que aparecem nessas resoluções.

Assim, o que antes seria considerado um erro, na visão piagetiana é um motivo para refletir sobre o pensamento infantil: o "erro" mostra o nível de conceitualização da criança. Com tal constatação, Piaget assinalava a necessidade de conhecermos os estágios de desenvolvimento da criança e do jovem.

Em relação à avaliação formativa, Perrenoud (1999) afirma que toda a avaliação tem caráter formativo quando auxilia o aluno na aprendizagem e no desenvolvimento. Também o é se, pelo menos para o professor, contribui para a regulação do aprendizado dos domínios visados. A avaliação formativa permite, por meio de seus resultados, chegar à intervenção que os originou e, além disso, às observações e às representações que orientam essa intervenção, regulando os processos de aprendizagem. Contraditoriamente, a avaliação formativa por longo período foi entendida como um teste de critérios aplicados após um período de aprendizagem, acompanhado de uma sequência de remediação para os alunos que não dominam todos os conhecimentos trabalhados. Assim, sobre a coexistência de lógicas antagônicas na avaliação, Perrenoud (1999, p. 168) assevera que:

> *enquanto a intenção de instruir não der resultados, o conflito entre a lógica formativa e a lógica seletiva permanecerá. Pode-se, certamente, prorrogar e atenuar a seleção, mas o centro do problema está alhures, na impotência da escola em alcançar seus fins educativos declarados. Não se pode pedir que a avaliação substitua o ensino. Em contrapartida, ela não deveria jamais impedir uma pedagogia diferenciada, ativa, construtivista, aberta, cooperativa, eficiente, mas se colocar a seu serviço. Isso não dispensa de desenvolver prioritariamente essa pedagogia, com suas dimensões avaliativas, além de todas as demais.*

Para o autor, a avaliação escolar tradicionalmente se associa à criação de hierarquias de excelência, nas quais os alunos são comparados e classificados em virtude de uma norma de excelência representada pelo professor e pelos melhores alunos.

A par disso, como podemos proceder em processos de elaboração de avaliações? Necessitamos seguir alguns passos, especialmente porque em nossas avaliações fazemos uso da mensuração. São eles:

~ definir o que será avaliado;
~ determinar como será mensurada a avaliação;
~ estabelecer procedimentos para traduzir os resultados em termos quantitativos.

Assim, em relação ao que será avaliado, Colotto, citado por Turra et al. (1995), afirma ser necessário que o professor seja claro ao apontar as dimensões do comportamento, ou seja, se estará avaliando conhecimento adquirido, habilidades, atitudes, interesses, entre outros.

Além de saber o que estamos avaliando, é fundamental estabelecer critérios e condições para a avaliação. Os critérios são indicadores na execução de um trabalho e, também, as bases do julgamento, por isso, quanto mais precisos, menor será a subjetividade do juízo de valor.

6.3 Instrumentos de avaliação: provas e testes

A avaliação torna-se realmente significativa quando é elaborada a partir dos objetivos traçados no planejamento. Os objetivos, além de abrangerem os conteúdos, necessitam envolver também aspectos ligados ao comportamento, como habilidades, atitudes etc., caso contrário, a avaliação será considerada unilateral. A relação entre objetivos e avaliação é bastante estreita, uma vez que um determina o outro, ou seja, ao mesmo tempo em que a avaliação é elaborada a partir dos objetivos, estes também podem ser alterados em função da avaliação.

Se o processo avaliativo está em consonância com o conteúdo, os objetivos e o encaminhamento do planejamento, estará também associado à concepção de educação adotada pelo professor. Na escola tradicional, a avaliação ocorria através da verificação da memorização dos conteúdos. Segundo Kincheloe, citado por Straforini (2004, p. 57): "Os estudantes são avaliados no mais baixo nível do pensamento humano: a habilidade de memorizar". A memorização não é uma capacidade mental própria dos seres humanos, outros animais também a tem. Nesse sentido, avaliar o aluno pelos conteúdos que ele foi capaz de reter em sua mente não significa apenas subestimar todas as suas demais habilidades mentais, mas, dialeticamente, nega-se todo um processo de construção do conhecimento.

No momento do planejamento da avaliação, a organização se estabelece em torno do como fazer, que instrumentos usar, como conferir uma avaliação sistemática ou como descrever qualitativa ou quantitativamente. De acordo com a capacidade criativa do professor, cada atividade elaborada pode engrenar um novo instrumento de avaliação adequado a circunstâncias específicas.

Há, no entanto, técnicas e instrumentos que, de acordo com Turra et al. (1995), servem como auxílio ao professor em sua tarefa de avaliador: a observação e as fichas de controle, a entrevista e o questionário, a técnica sociométrica e de sociograma, a técnica da testagem (exame e verificação), entre outros. Optamos por abordar esta última técnica por ser a mais difundida entre os professores para a prática avaliativa. Nossa intenção aqui não é a de trazer novos instrumentos, mas sim propiciar uma situação pela qual o professor verifique se os instrumentos que elaborou estão ajustados aos seus objetivos.

6.3.1 Provas e testes

Na elaboração das questões da prova dissertativa – também chamada de *prova aberta* ou *de resposta livre* –, é importante utilizar, de acordo com o objetivo, verbos de ação bem definidos (Turra et al., 1995, p. 215). Observe a seguir a formulação da questão a partir do objetivo proposto:

~ **Objetivo**: verificar como o aluno interpreta e avalia um texto de Milton Santos.

~ **Formulação da questão**: interprete as ideias principais do texto e avalie o pensamento do autor, tomando como critério a significação das ideias apresentadas para a vida atual.

As autoras afirmam que expressões como *escreva sobre* ou que apresentam apenas o enunciado do assunto, como *Migrações internacionais e xenofobia*, são muito amplas e, além de dificultar a avaliação, pedem julgamentos muito subjetivos por parte do professor.

Para a elaboração de provas objetivas, é necessário, primeiramente, verificar os objetivos da avaliação, a fim de identificar se ela será de caráter formativo, diagnóstico ou somativo. Para Turra et al. (1995), os testes diagnósticos são mais longos, ao passo que os formativos necessitam relacionar as questões. Os testes usados com o objetivo de classificação precisam abranger questões ligadas aos conteúdos, de acordo com o domínio cognitivo, afetivo ou psicomotor que se quer avaliar. Além disso, questões fáceis, de difilculdade média e difíceis necessitam ser bem distribuídas. O tipo de questão também necessita ser considerado, uma vez que nem todos os tipos são adequados para avaliar os diversos comportamentos e conteúdos; assim, é necessário ajustar objetivo, conteúdo e tipo de questão.

O quadro a seguir apresenta uma comparação entre a prova objetiva e a subjetiva ou dissertativa, na qual vários critérios são considerados.

Quadro 11 – Comparação sumária entre provas objetivas e provas dissertativas

	Provas objetivas (julgamento impessoal)	Provas dissertativas (resposta livre)
Preparo das questões	Difícil e demorado.	Difícil (se benfeito), porém menos demorado, sendo vantajosa quando há poucos alunos.
Julgamento das respostas	Simples, objetivo e preciso (muito vantajoso quando os alunos são numerosos).	Difícil, penoso, principalmente subjetivo e menos preciso (mais sujeito à variação de critério).
Fatores que interferem nas notas alcançadas	Habilidade de leitura e acerto por acaso.	Capacidade de redação; habilidade de contornar o problema central ou os tópicos que desconhece.
Habilidades mais solicitadas aos alunos	Domínio de conhecimentos, apoiado na habilidade de ler, interpretar e criticar (a maior parte de tempo da prova é gasto com leitura e crítica da questão).	Domínio do conhecimento, apoiado na habilidade de ler e mais na de redigir (a maior parte do tempo o aluno organiza ideias e as escreve).
Resultados verificados	Domínio de conhecimentos nos níveis de compreensão, análise e aplicação; pouco adequadas para síntese, criação e julgamento de valor.	Pouco adequadas para medir domínio de conhecimentos; boas para compreensão, aplicação, exemplificação e análise; melhores para habilidade de síntese e de julgamento de valor.
Âmbito alcançado pela prova	Com muitas questões de respostas breves, podem abranger amplo campo e dar boa amostragem da prova.	Com poucas questões de resposta longa, cobrem campo limitado, sendo impraticável a amostragem representativa do todo.

(continua)

(*Quadro 11 – conclusão*)

Elaboração das questões e atribuição das notas	Subjetivismo presente na sua construção; é fundamental a competência de quem prepara a prova.	Subjetivismo presente na construção e no julgamento; é fundamental a competência de quem julga as respostas.
Oportunidades oferecidas ao professor e ao aluno	Liberdade ao examinador de exigir cada ponto; maior controle por parte do professor e mais limitação ao aluno.	Liberdade ao aluno de mostrar sua individualidade; risco para o examinador se deixar levar por opiniões pessoais.
Efeitos prováveis na aprendizagem	Estimulam o aluno a lembrar, interpretar e analisar ideias alheias.	Encorajam o aluno a organizar, integrar e exprimir as próprias ideias.

Fonte: Medeiros; Ethel, 1971, citados por Turra et al., 1995, p. 216.

Podemos notar que há momentos de avaliação em que não é necessário aplicar provas e, tampouco, quantificar. Há outros instrumentos de avaliação da aprendizagem, conforme dissemos anteriormente, como a observação e a entrevista, que são muito enriquecedores para o processo de avaliação da aprendizagem. Como destacado várias vezes no capítulo anterior, podemos também avaliar uma atividade aplicada. Nesse caso, necessitamos observar com detalhes o andamento da atividade e registrar o que julgarmos relevante e específico para cada atividade. Os registros podem ser relacionados ao nível de interesse e aceitação da turma e ao rendimento e resultados esperados.

Síntese

~ A avaliação tem caráter diagnóstico, formativo e é contínua. Sob hipótese alguma tem relação de poder.
~ O processo avaliativo precisa estar em consonância com o conteúdo, os objetivos e o encaminhamento do planejamento. Portanto, está associado à concepção de educação adotada pelo professor.

Atividades de autoavaliação

1. A respeito da definição de avaliação, identifique se as sentenças a seguir são verdadeiras (V) ou falsas (F), corrigindo a(s) incorreta(s) em seu caderno:
   ( ) Resume-se, basicamente, em realizar provas e atribuir notas.
   ( ) É uma tarefa necessária e permanente do trabalho docente.
   ( ) É, também, refletir sobre o nível de qualidade do trabalho escolar dos professores e dos alunos.
   ( ) Significa interpretar dados quantitativos e qualitativos coletados no processo de ensino, segundo critérios preestabelecidos.

2. Sobre as funções da avaliação, associe as ideias às afirmativas e, em seguida, escolha a alternativa que apresenta a sequência correta:
   I. Didático-Pedagógica
   II. Diagnóstico
   III. Controle

   ( ) Identifica progressos e dificuldades dos alunos e a atuação do professor para melhor cumprir os objetivos.
   ( ) Tem o objetivo de verificar previamente condições e conhecimentos dos alunos.
   ( ) Refere-se aos meios e à frequência das verificações e de qualificação dos resultados escolares, possibilitando o diagnóstico das situações didáticas.
   ( ) Está relacionada ao papel da avaliação no alcance dos objetivos gerais e específicos da educação escolar.

   a) II, II, III e I.
   b) II, III, II e I.
   c) III, III, II e I.
   d) I, III, II e III.

3. No que se refere à função **classificação**, verifique se as sentenças a seguir são verdadeiras (V) ou falsas (F), corrigindo em seu caderno a(s) incorreta(s):
   ( ) O aluno é avaliado de acordo com o nível de aproveitamento em comparação aos demais alunos.
   ( ) Em nossos sistemas de ensino, a avaliação é feita com base na função de classificação.
   ( ) Os domínios afetivo e psicomotor são os mais considerados na função classificação.
   ( ) Normalmente, apenas o aspecto cognitivo é priorizado.

4. Considerando as modalidades de avaliação, reflita sobre as afirmações a seguir e assinale a alternativa correta, justificando-a em seu caderno:
   I. A somativa constitui um processo de descrição e julgamento para classificar os alunos.
   II. A formativa é mais tradicional e prioriza os conteúdos.
   III. A diagnóstica pode estar associada às outras modalidades de avaliação.
   a) Somente a I e a II estão corretas.
   b) Somente a I e a III estão corretas.
   c) Somente a II e a III estão corretas.
   d) Todas estão corretas.

5. Qual das afirmações a seguir corresponde a uma característica da prova objetiva? Explique sua opção em seu caderno:
   a) O subjetivismo está presente na construção de questões e no julgamento da nota.
   b) Faz com que o aluno organize, integre e exprima as próprias ideias.

c) O aluno precisa dominar o conhecimento apoiado na habilidade de ler, interpretar e criticar.
d) Quanto aos resultados, é pouco adequada para medir domínio de conhecimentos.

Atividades de aprendizagem

Questões para reflexão

1. Pesquise sobre outros instrumentos de avaliação e analise a validade deles para a disciplina de Geografia.
2. De que forma a observação pode ser utilizada como instrumento de avaliação?

Atividades aplicadas: prática

1. Elabore uma avaliação formativa e outra somativa de um mesmo plano de ensino. Compare-as.
2. Com base no exposto neste capítulo, reúna provas de Geografia de diferentes escolas e analise-as criticamente.

Considerações finais

Escrever sobre didática e avaliação do ensino de Geografia não é uma tarefa fácil, considerando-se as situações que estão envolvidas nesse processo. Certamente não foi possível contemplar todas elas, tampouco dar a atenção e o aprofundamento merecidos a cada tema tratado neste livro. Entretanto, queremos registrar que o que aqui abordamos reflete nossas inquietações acerca do ensino de Geografia, a partir de nossa prática pedagógica em conjunto com um referencial teórico.

É atribuição da Geografia escolar propiciar o conhecimento sobre paisagens, lugares e territórios, mostrando que os elementos naturais e as expressões sociais são diferentes e que nessas diferenças encontramos a riqueza de estudarmos o espaço geográfico e de termos lugares para amar.

Não nos referimos a esse amor com um sentido piegas, mas sim àquele expresso pela topofilia: um sentimento de apego a um lugar por motivos muito particulares e significativos. Em vista disso, entendemos que, no processo de ensino-aprendizagem de Geografia, é relevante que o professor adote uma linha teórico-metodológica para o seu trabalho. Na abordagem dos conteúdos, é importante problematizá-los, dando-lhes significado, extraindo deles uma situação geográfica na qual podem ser estabelecidos vínculos com a realidade cotidiana do aluno, para que este, partindo de suas experiências e do conhecimento construído na escola, venha a melhorar seu espaço de vivência.

Para tanto, é necessário adotar o planejamento no âmbito da escola, da disciplina e das aulas, deixar claros os objetivos propostos para o ensino-aprendizagem e os conceitos apresentados e, sempre que possível, privilegiar a linguagem da cartografia, as aulas de campo, além de outras metodologias que propiciem a construção do conhecimento nessa área.

Vimos também que não existe um modelo ou uma receita para se ensinar, pois cotidianamente vivenciamos situações novas na escola. Sendo assim, prevalece a criatividade e o senso crítico do professor para melhor ensinar os conteúdos aos seus alunos.

Queremos ainda salientar que, em nossa experiência docente na rede pública de ensino, temos visto muitos profissionais da educação, particularmente os professores, comprometidos com o seu trabalho, dispostos a melhorar os resultados de sua prática e engajados com as ações da escola. Essa é uma realidade que, acreditamos, repete-se em escolas de todo o Brasil.

Já está claro que a educação é elemento estratégico para transformações sociais e políticas tão emergenciais em nosso país. Portanto, reforçamos que é necessário investimento e valorização da educação em sentido amplo, como um meio para que nossas aspirações, entre outras, a de sermos formadores de cidadãos críticos, participativos, responsáveis e criativos, fluam – sem demagogia – do papel para a prática.

Glossário

Dialética: advém da combinação dos termos *dia*, que significa "dualidade" ou "troca", e *lektikós*, que quer dizer "apto a falar". É um método filosófico que consiste em argumentações contraditórias, já que a realidade é um processo de transformações (Costa; Costa, 2001).

Empirismo: filosofia cujos conhecimentos são obtidos através da experimentação.

Epistemologia: estudo do conhecimento científico sob o enfoque crítico (Costa; Costa, 2001).

Fenomenologia: na filosofia moderna, designa um movimento inaugurado por Husserl – mesmo que suas intenções não chegassem a ponto de disseminar a fenomenologia em filosofias diferentes. Husserl desenvolveu por muitos anos uma concepção da subjetividade. Nessa medida, o filósofo propôs, de maneira geral, a apreensão da essência dos objetos, estabelecendo a possibilidade de uma ciência das essências. Influenciados por Husserl, Heidegger, Sartre e Merleau-Ponty, entre outros, forneceram importantes contribuições para a fenomenologia (Durozoi; Roussel, 2000).

Hipsometria: técnica de reprodução do relevo utilizando cores que representam as faixas de altitudes. Na escala convencional, a altimetria (curvas acima do nível do mar) é representada por tonalidades de verde (baixas altitudes), amarelo, laranja, sépia, rosa e branca (altitudes acima de 6 mil metros).

Idiográfico: método que analisa um local específico, considerando os fatos individualmente. A geografia idiográfica conduziria ao conhecimento profundo de um determinado local a partir da apreensão e análise dos vários elementos que o compõem, numa concepção enciclopédica.

Idiossincrasia: atribuída a espaços ou lugares, refere-se à unicidade, às suas particularidades, ou seja, os fenômenos que ali ocorrem são peculiares; o meio reage de forma particular à influência de agentes externos.

Método: conjunto das atividades sistemáticas e racionais que, com maior segurança e economia, permite alcançar o objetivo – conhecimentos válidos e verdadeiros –, traçando o caminho a ser seguido, detectando erros e auxiliando as decisões do cientista (Lakatos; Marconi, 2005).

Neopositivismo: também chamado de *positivismo lógico*, tem suas raízes no Círculo de Viena, um movimento doutrinário que reunia vários filósofos alemães, como Carnap, Wittgenstein, entre outros. Essa doutrina associava a tradição empirista ao formalismo lógico da matemática (Costa; Costa, 2001).

Paradigmas: são realizações científicas universalmente reconhecidas que, durante algum tempo, fornecem problemas e soluções modelares para uma comunidade de praticantes de uma ciência (Kuhn, 2007).

Territorialidade: está associada a uma estratégia de controle num contexto social e à consciência de pertencimento a uma determinada área com fronteiras bem definidas. Sua essência está na dimensão política, nas relações de poder. Conflitos de grupos rivais constituem exemplos de territorialidades – tribos urbanas, torcidas organizadas, áreas de prostituição, tráfico de drogas, em que um grupo não adentra o território do outro. A religião constitui outro exemplo em que se busca entender a formação/organização do espaço por meio da territorialidade.

Topofilia: é a ligação afetiva do homem com o lugar, ou ambiente físico. É subjetiva e particular e representa experiências felizes, prazerosas, positivas.

Topofobia: assim como a topofilia, a topofobia é também uma relação de afetividade do homem com o lugar ou ambiente físico, porém, no contraponto, representa experiências tristes, repulsivas, negativas.

Referências

ALMEIDA, R. **Do desenho ao mapa**: iniciação cartográfica na escola. 4. ed. São Paulo: Contexto, 2006.

ALMEIDA, R.; PASSINI, E. **O espaço geográfico:** ensino e representação. 2. ed. São Paulo: Contexto, 1991. (Coleção Repensando o Ensino).

AMORIM FILHO, O.; ABREU, J. Imagem, representação e geopolítica. In: MENDONÇA, F; KOZEL, S. (Org.). **Elementos de epistemologia da geografia contemporânea**. Curitiba: Ed. da UFPR, 2002.

ANDRADE, M. C. de. **Geografia**: ciência da sociedade. São Paulo: Atlas, 1987.

ARANHA, M. L. de A. **História da educação e da pedagogia**: geral e Brasil. 3. ed. São Paulo: Moderna, 2006.

ARCHELA, R. S.; GOMES, M. de F. V. B. **Geografia para o ensino médio**: manual de aulas práticas. Londrina: Eduel, 1999.

BARBOSA, J. L. Geografia e cinema: uma busca de aproximação e do inesperado. In: CARLOS, A. F. A. (Org.). **A geografia na sala de aula**. 8. ed. São Paulo: Contexto, 2007.

BETTANINI, T. **Espaço e ciências humanas**. Rio de Janeiro: Paz e Terra, 1982.

BLEY, L. **Morretes**: estudo de paisagem valorizada. 1990. 215 f. Tese (Doutorado em Geografia) – Instituto de Geociências da Universidade Estadual Paulista, Rio Claro, 1990.

BUTTIMER, A. Apreendendo o dinamismo do mundo vivido. In: CHRISTOFOLETTI, A. (Org.). **Perspectivas da geografia**. São Paulo: Difel, 1982.

CARLOS, A. F. A. (Org.). **A geografia na sala de aula**. 8. ed. São Paulo: Contexto, 2007.

CASTROGIOVANNI, A. C.; GOULART, L. B. A questão do livro didático em geografia: elementos para uma análise. In: CASTROGIOVANNI, A. C. et al. **Geografia em sala de aula**: práticas e reflexões. 4. ed. Porto Alegre: Ed. da UFRGS, 2003.

CAVALCANTI, L. de S. **Geografia, escola e construção de conhecimentos**. 10. ed. Campinas: Papirus, 1998.

CLAVAL, P. A geografia e a percepção do espaço. **Revista Brasileira de Geografia**, Rio de Janeiro, ano 45, n. 2, abr./jun. 1983. Disponível em: <http://biblioteca.ibge.gov.br/visualizacao/monografias/GEBIS%20-%20RJ/RBG/RBG%201983%20v45_n2.pdf>. Acesso em: 7 jul. 2008.

CORRÊA, R. L. Espaço, um conceito-chave da geografia. In: CASTRO, I. E. et al. (Org.). **Geografia: conceitos e temas**. Rio de Janeiro: Bertrand Brasil, 2003.

CORTELAZZO, I. B. C.; ROMANOWSKI, J. **Pesquisa e prática profissional**: a aula. Curitiba: Ibpex, 2007.

COSTA, M.; COSTA, M. **Metodologia da pesquisa**: conceitos e técnicas. Rio de Janeiro: Interciência, 2001.

DARDEL, E. **L'homme et la Terre**: nature de la realité geographique. Paris: Presses Universitaires de France, 1952.

DUROZOI, G.; ROUSSEL, A. **Dicionário de filosofia**. Porto: Porto Ed., 2000.

FANTIN, M.; TAUSCHEK, N. **Metodologia do ensino de Geografia**. Curitiba: Ibpex, 2005.

FRANCISCHETT, M. N. **A cartografia no ensino da Geografia**: construindo os caminhos do cotidiano. Rio de Janeiro: Litteris; Ed. KroArt, 2002.

FREIRE, P. **Pedagogia da autonomia**: saberes necessários à prática educativa. 36. ed. São Paulo: Paz e Terra, 1996.

FURLAN, S. Técnicas de biogeografia. In: VENTURI, L. (Org.). **Praticando a geografia**: técnicas de campo e laboratório em geografia e análise ambiental. São Paulo: Oficina de Textos, 2004.

GELPI, A.; SCHÄFFER, N. Guia de percurso urbano. In: CASTROGIOVANNI, A. C. et al. **Geografia em sala de aula**: práticas e reflexões. 4. ed. Porto Alegre: Ed. da UFRGS, 2003.

IBGE – Instituto Brasileiro de Geografia e Estatística. **Atlas geográfico escolar**. 2. ed. Rio de Janeiro: IBGE, 2002. Disponível em: <http://www.ibge.gov.br/ibgeteen/atlasescolar/index.shtm>. Acesso em: 8 jul. 2008.

_____. **Glossário cartográfico**. Disponível em: <http://www.ibge.gov.br/home/geociencias/cartografia/glossario/glossario_cartografico.shtm#top>. Acesso em: 8 jul. 2008.

KATUTA, A. A linguagem cartográfica no ensino superior e básico. In: PONTUSCHKA, N.; OLIVEIRA, A. (Org.). **Geografia em perspectiva**: ensino e pesquisa. São Paulo, Contexto, 2002.

KISHIMOTO, T. M. (Org.). **Jogo, brinquedo, brincadeira e a educação**. 2. ed. São Paulo: Cortez, 1997.

KOZEL, S. As representações no geográfico. In: MENDONÇA, F.; KOZEL, S. (Org.). **Elementos de epistemologia da geografia contemporânea**. Curitiba: Ed. da UFPR, 2002.

KUHN, T. S. **A estrutura das revoluções científicas**. 9. ed. São Paulo: Perspectiva: 2007.

LAGO, S. R. **Conversas com quem gosta de aprender**. Curitiba: Positivo, 2004.

LAKATOS, E. M.; MARCONI, M. A. **Fundamentos de metodologia científica**. 6. ed. São Paulo: Atlas, 2005.

LEITE, M. S. **Recontextualização e transposição didática**: introdução à leitura de Basil Bernstein e Yves Chevallard. Araraquara: Junqueira & Marin, 2007.

LIBÂNEO, J. C. **Didática**. São Paulo: Cortez, 1994.

LIMA, A. **Avaliação escolar**: julgamento × construção? Petrópolis: Vozes, 1994.

LOPES, A. Política e currículo: recontextualização e hibridismo. **Currículo sem Fronteiras**, v. 5, n. 2, p. 50-64, jul./dez. 2005.

LYNCH, K. **A boa forma da cidade**. Lisboa: Edições 70, 1981.

_____. **A imagem da cidade**. São Paulo: M. Fontes, 1997.

LOWENTHAL, D. Geografia, experiência e imaginação: em direção a uma epistemologia geográfica. In: CHRISTOFOLETTI, A. (Org.). **Perspectivas da geografia**. São Paulo: Difel, 1982.

MORAES, A. C. R. **Geografia**: pequena história crítica. São Paulo: Hucitec, 1984.

MORAES, M. C. O paradigma educacional emergente. Campinas: Papirus, 1997. (Coleção Práxis).

NOGUEIRA, A. Mapa mental: recurso didático para o estudo do lugar. In: PONTUSCHKA, N.; OLIVEIRA, A. (Org.). **Geografia em perspectiva**: ensino e pesquisa. São Paulo, Contexto, 2002.

OLIVEIRA, L. Percepção da paisagem geográfica: Piaget, Gibson e Tuan. **Geografia**, Rio Claro, v. 25, n. 2, p. 5-22, ago. 2000.

OLIVEIRA, L.; MACHADO, L. Percepção, cognição, dimensão ambiental e desenvolvimento com sustentabilidade. In: VITTE, A. C.; GUERRA, A. J. T. (Org.). **Reflexões sobre a geografia física no Brasil**. Rio de Janeiro: Bertrand Brasil, 2004.

PARANÁ. Secretaria de Estado da Educação. Centro de Estudos e Pesquisas em Educação, Cultura e Ação Comunitária (Cenpec). **Ensinar e Aprender**. São Paulo: Cenpec; Curitiba: Seed/PR, 1997. v. 3.

PERRENOUD, P. **Avaliação**: da excelência à regulação das aprendizagens – entre duas lógicas. Porto Alegre: Artmed, 1999.

RAU, M. C. **A ludicidade na educação**: uma atitude pedagógica. Curitiba: Ibpex, 2007.

_____. Apresentando um pouco do que sejam ambiências e suas relações com a geografia e a educação. In: REGO, N.; SUERTEGARAY, D.; HEINDRICH, A. (Org.). **Geografia e educação**: geração de ambiências. Porto Alegre: Ed. da UFRGS, 2000.

REGO, N. Geração de ambiências: três conceitos articuladores. In: REGO, N.; MOLL, J.; AIGNER, C. (Org.). **Saberes e práticas na construção de sujeitos e espaços sociais**. Porto Alegre: Ed. da UFRGS, 2006.

RELPH, E. As bases fenomenológicas da geografia. **Geografia**, Rio Claro, v. 4, n. 7, p. 1-25, abr. 1979.

SANTOS, M. **Por uma geografia nova**: da crítica da geografia a uma geografia crítica. São Paulo: Edusp, 2002.

SAVIANI, D. **Educação**: do senso comum à consciência filosófica. 9. ed. São Paulo: Cortez, 1989.

SCHÄFFER, N. O livro didático e o desempenho pedagógico: anotações de apoio à escolha do livro texto. In: CASTROGIOVANNI, A. et al. (Org.). **Geografia em sala de aula**: práticas e reflexões. 4. ed. Porto Alegre: Ed. da UFRGS, 2003.

SIMIELLI, M. Cartografia no ensino fundamental e médio. In: CARLOS, A. F. A. (Org.). **A geografia na sala de aula**. 8. ed. São Paulo: Contexto, 2007.

SPÓSITO, M. As diferentes propostas curriculares e o livro didático. In: PONTUSCHKA, N.; OLIVEIRA, A. (Org.). **Geografia em perspectiva**: ensino e pesquisa. São Paulo, Contexto, 2002.

STEFANELLO, A. **Percepção de riscos naturais**: um estudo dos balneários turísticos Caiobá e Flamingo em Matinhos – PR. 2006. 139 f. Dissertação (Mestrado em Geografia) – Universidade Federal do Paraná, Curitiba, 2006.

STRAFORINI, R. **Ensinar geografia**: o desafio da totalidade-mundo nas séries iniciais. São Paulo: Annablume, 2004.

TONUCCI, F. **Com olhos de criança**. Porto Alegre: Artmed, 2003.

TUAN, Y-F. **Espaço e lugar**: a perspectiva da experiência. São Paulo: Difel, 1983.

_____. Geografia humanística. In: CHRISTOFOLETTI, A. (Org.). **Perspectivas da geografia**. São Paulo: Difel, 1982.

_____. **Topofilia**: um estudo da percepção, atitudes e valores do meio ambiente. São Paulo: Difel, 1980.

TURRA, C. et al. **Planejamento de ensino e avaliação**. 11. ed. Porto Alegre: Sagra Luzzatto, 1995.

VASCONCELLOS, C. **Construção do conhecimento em sala de aula**. 13. ed. São Paulo: Libertad, 2002.

VESENTINI, J. W. Educação e ensino da geografia: instrumentos de dominação e/ou de libertação. In: CARLOS, A. F. A. (Org.). **A geografia na sala de aula**. 8. ed. São Paulo: Contexto, 2007.

Bibliografia comentada

ALMEIDA, R.; PASSINI, E. **O espaço geográfico**: ensino e representação. 2. ed. São Paulo: Contexto, 1991.

> As autoras enfocam a construção da noção de espaço e a sua representação gráfica. O livro traz, também, sugestões de atividades cartográficas direcionadas para as séries iniciais da educação básica.

ALMEIDA, R. **Do desenho ao mapa**: iniciação cartográfica na escola. 4. ed. São Paulo: Contexto, 2006.

A autora trata da representação espacial e do ensino com mapas na Geografia escolar. A fundamentação teórica estabelece relações entre os estudos de Piaget e a teoria vygotskyana.

ANDRADE, M. C. **Geografia, ciência da sociedade**: uma introdução à análise do pensamento geográfico. São Paulo: Atlas, 1987.

O autor caracteriza a geografia a partir da evolução do pensamento dessa ciência desde a Antiguidade até a atualidade. Relaciona a geografia com a sociedade e suas transformações.

CARLOS, A. (Org.). **A Geografia na sala de aula**. 8. ed. São Paulo: Contexto, 2007.

Textos de vários autores estão reunidos nesse livro, os quais refletem, analisam e criticam o ensino de Geografia. É esboçado na obra um panorama do ensino a partir de seu objeto de estudo, o espaço geográfico.

CASTROGIOVANNI, A. et al. (Org.). **Geografia em sala de aula**: práticas e reflexões. 4. ed. Porto Alegre: Ed. da UFRGS, 2003.

Essa obra é uma coletânea de textos que tratam de diversos temas pertinentes ao ensino de Geografia. As reflexões abordam o cotidiano, o estudo do urbano, as metodologias, a globalização etc.

MENDONÇA, F.; KOZEL, S. (Org.). **Elementos de epistemologia da geografia contemporânea**. Curitiba: Ed. da UFPR, 2002.

Diversos autores discutem nesse livro sobre a epistemologia da geografia contemporânea (as correntes crítica, ambiental e da percepção/

cultural) perante a sociedade global. Questionam profundamente as complexas relações presentes no espaço, procurando compreender o momento atual, o qual é afligido por muitas crises.

TURRA, C. et al. **Planejamento de ensino e avaliação**. 11. ed. Porto Alegre: Sagra Luzzatto, 1995.

> *Nesse livro são apresentados os conceitos básicos, a estrutura e as etapas do planejamento. Também trata da avaliação da aprendizagem, dos tipos e dos instrumentos de avaliação.*

STRAFORINI, R. **Ensinar geografia**: o desafio da totalidade-mundo nas séries iniciais. São Paulo: Annablume, 2004.

> *O autor estabelece reflexões sobre o ensino de geografia para os anos iniciais do ensino fundamental, enfocando questões teórico-metodológicas e refletindo sobre as relações locais e globais.*

Gabarito

Capítulo 1

Atividades de autoavaliação

1. F, V, V, V

   Apenas a primeira é falsa. Essa forma de estudar o espaço é típica da geografia tradicional. Hoje a ciência geográfica tem uma postura bem mais reflexiva e atuante sobre o espaço geográfico.
2. V, F, V, V

Apenas a segunda é falsa. A simples memorização não leva à compreensão das relações ocorridas no espaço, bem como dos conteúdos da geografia.
3. b – A afirmativa II está incorreta. Não basta que o aluno saiba a localização de territórios ou de elementos naturais, pois o estudo da geografia vai muito além. Ele abrange a teia de relações entre o homem e a natureza, algo que a metodologia descritiva não consegue explicar.
4. c – De forma geral, podemos dizer que a geografia tradicional **descreve** o espaço; a teorético-quantitativa, **quantifica-o**; e a crítica, o vê como um **produto** das ações humanas.
5. b – Na percepção, a paisagem está sempre se modificando e nela estão implícitas as experiências humanas.

Atividades de aprendizagem

Questões para reflexão

1. O contexto é o de pós-Segunda Guerra Mundial. É necessário analisar o período e o enfoque utilitarista dado à geografia.
2. Lembrar que a corrente crítica entende o espaço como uma construção histórica, na qual ocorrem conflitos de classes.

Capítulo 2

Atividades de autoavaliação

1. V, V, F, V
Apenas a terceira está incorreta. O mapeamento difere individualmente e depende da experiência pessoal.
2. V, F, F, V

A segunda está incorreta porque a percepção também está sujeita a esses atributos.

A terceira também está incorreta, uma vez que a afetividade está relacionada aos valores do indivíduo.

3. c – A afirmativa I está incorreta. Uma cidade visualmente limpa e bem organizada propicia o bem-estar de seus moradores.
4. d – A criança constrói o conhecimento segundo um processo sucessivo de amadurecimento, que vai das operações mais simples às mais complexas.
5. a – A alternativa III está incorreta. Na construção do conhecimento o aluno é um ser social e ativo; o conhecimento só se processa à medida que as interações ocorrem.

Atividades de aprendizagem

Questões para reflexão

1. Precisa ser evidenciado que o pensamento de Paulo Freire valoriza as experiências do aluno.
2. Precisam ser enfatizados, principalmente, os conceitos e a forma de entender o espaço.

Capítulo 3

Atividades de autoavaliação

1. d
2. V, V, V, F

   Apenas a última proposição está incorreta. O planejamento escolar não possui função de "manual" ou de "cartilha", é um instrumento aberto, no qual constam as diretrizes, mas que pode e deve ter o seu conteúdo atualizado e modificado diante de novas situações.
3. d

4. a – A afirmativa III está incorreta. A problematização é uma técnica que facilita o ensino e torna o conteúdo mais interessante para o aluno. Deve, porém, estar adequada ao perfil da turma.
5. c – Os documentos oficiais servem como parâmetro para a seleção dos conteúdos, os quais, ao serem trabalhados em sala, devem abranger peculiaridades locais, tendo em vista a realidade e experiência do aluno.

Atividades de aprendizagem

Questões para reflexão

1. Indicar que o planejamento precisa ter como referência a problemática social, econômica, cultural e política da escola e de seus atores.
2. A análise necessita estar concentrada nos campos do planejamento. É preciso procurar perceber as abordagens utilizadas.

Capítulo 4

Atividades de autoavaliação

1. V, V, V, F
   Apenas a última afirmativa está incorreta. No movimento de renovação da geografia as relações econômicas eram mais evidenciadas. O estudo das relações sociais ganhou força com a abordagem crítica.
2. F, F, F, F
   Todas as afirmações estão incorretas. Para um ensino coerente, a proposta do livro didático, assim como o referencial teórico-metodológico, necessita estar de acordo com os objetivos propostos

pelo professor. O livro didático deve abranger questões do cotidiano, e a presença de mapas por si só não assegura a qualidade do material.
3. a – A afirmativa III é contraditória. Para que o aluno conheça mapas, faz-se necessário entender a linguagem neles utilizada.
4. A alternativa c está incorreta, pois a análise de mais de um fenômeno em uma mesma carta é considerada aquisição complexa.
5. b

Atividades de aprendizagem

Questões para reflexão

1. Sobre a importância da linguagem cartográfica, procure ir além dos aspectos tratados no livro.
2. São as relações do espaço próximo: lado, frente, atrás etc.

Capítulo 5

Atividades de autoavaliação

1. V, F, V, V
   Apenas a segunda afirmativa está incorreta. As maquetes podem ser usadas desde a educação infantil, porém, faz-se necessário trabalhar com materiais adequados e abordar uma temática compatível com o nível cognitivo das crianças.
2. d – A linguagem cartográfica precisa ser iniciada com noções mais básicas, porém que exijam um raciocínio mais elaborado do aluno e não simplesmente a cópia e a memorização.
3. c – A alternativa I está incorreta. A noção de escala pode ser trabalhada com o uso de maquetes. Durante sua confecção, o aluno percebe a necessidade do uso da proporção.
   A alternativa III está incorreta. Com a globalização, não se pode mais pensar o espaço de forma linear. O trabalho com a lingua-

gem cartográfica deve ser realizado mediante a superposição de escala, pois é assim que acontece na vida real.

4. d

5. d – Apesar de a aula de campo também ser conhecida como *aula passeio*, é uma atividade didática com um forte propósito pedagógico. A avaliação fica a critério do professor, segundo o seu planejamento. Sugere-se, no entanto, que essa atividade seja avaliada, dada a sua rica contribuição ao processo de ensino-aprendizagem.

Atividades de aprendizagem

Questões para reflexão

1. O objetivo é aprofundar a discussão iniciada no item "As tecnologias, o uso das imagens e os recursos audiovisuais".
2. Pensar em um conteúdo que possa ser ensinado com o uso da ferramenta.

Capítulo 6

Atividades de autoavaliação

1. F, V, V, V

    Apenas a primeira está incorreta. A atribuição de notas é uma consequência da avaliação, não deve ser o objetivo central.

2. a

3. V, V, F, V

    Apenas a terceira está incorreta. Na função classificação, os domínios afetivo e psicomotor são desconsiderados. O que importa é o rendimento do aluno.

4. b – A modalidade formativa não é a mais tradicional e, tampouco, prioriza os conteúdos. Ela volta-se para o aluno, auxiliando-o na aprendizagem.
5. c – Na prova objetiva, o julgamento dos resultados (nota) é bastante objetivo. O aluno é estimulado a interpretar e analisar as ideias do outro. Assim, o domínio do conhecimento é medido pela interpretação, compreensão e análise.

Atividades de aprendizagem

Questões para reflexão

1. Exemplos de instrumentos de avaliação: fichas, observação, questionário, entrevista etc.
2. É uma técnica de compreensão, investigação e ensino. Necessita-se explorar as dimensões e as vantagens e limitações dessa técnica.

Nota sobre a autora

Ana Clarissa Stefanello é licenciada em Geografia (2003) pela Universidade Federal do Paraná (UFPR), mestre (2006) e doutoranda também em Geografia por essa mesma instituição. É professora de Geografia para a Educação Básica e de Estágio Supervisionado para o Curso de Formação de Docentes da rede pública de ensino do Estado do Paraná. Atua também como docente em cursos de pós-graduação nas áreas de geografia e meio ambiente.

Impressão: AtualDV
Dezembro/2016